U0688290

可持续生计策略背景下的
农户土地利用行为研究

◎任国平　著

九州出版社
JIUZHOUPRESS

图书在版编目（CIP）数据

可持续生计策略背景下的农户土地利用行为研究 /
任国平著 . -- 北京 : 九州出版社 , 2022.3
ISBN 978-7-5225-0842-9

Ⅰ . ①可… Ⅱ . ①任… Ⅲ . ①农村—土地利用—研究
—中国 Ⅳ . ① F321.1

中国版本图书馆 CIP 数据核字 (2022) 第 032712 号

可持续生计策略背景下的农户土地利用行为研究

作　　者	任国平　著	
责任编辑	蒋运华	
出版发行	九州出版社	
地　　址	北京市西城区阜外大街甲 35 号（100037）	
发行电话	（010）68992190/3/5/6	
网　　址	www.jiuzhoupress.com	
印　　刷	湖南众鑫印务有限公司	
开　　本	710 毫米 × 1000 毫米　16 开	
印　　张	13	
字　　数	172 千字	
版　　次	2022 年 7 月第 1 版	
印　　次	2022 年 7 月第 1 次印刷	
书　　号	ISBN 978-7-5225-0842-9	
定　　价	92.00 元	

★ 版权所有　侵权必究 ★

任国平 男，汉族，1982年生，湖南益阳市人，博士，副教授，湖南城市学院管理学院副院长，湖南省青年骨干教师。研究方向为土地利用变化及其效应、乡村景观规划等。在《地理学报》《资源科学》《地理研究》《农业工程学报》《长江流域资源与环境》和 *Journal of Resources and Ecology*、*Ecological Indicators*、*Sustainability* 等国内外权威期刊发表论文30余篇。主持和参与国家级及省部级课题20余项。

前　言

　　20世纪80年代以来，伴随着中国进入快速城镇化阶段以及土地流转政策的实施，农户不再以传统农业生产作为唯一生计，而是出现了生计多样性的分化现象，并由此引发了不同的土地利用行为。本书针对快速城镇化背景下农户生计策略与土地利用行为的适应性问题，以上海市青浦区为主要研究区，按照"当地农户生计策略—土地利用行为—耦合协调关系—不同经济发展水平地区差异—农户生计策略与土地利用行为可持续性演变模拟—发展模式选择"的研究思路，分析青浦区农户生计策略与土地利用行为特征及差异，解析二者之间的相互作用关系，以不同地区的"三农"发展理念为依据，构建可能的发展情景来探讨适合快速城镇化地区农户生计策略与土地利用行为的可持续发展模式。主要研究成果和结论如下：

　　1. 构建了农户生计策略—土地利用行为作用模型。该模型由刺激（S）、有机体（O）、反应（R）和结果（O'）4部分组成，可分为信息感知、策略形成、行为反应和输出反馈4个阶段，完整表述了二者之间的相互作用关系。

　　2. 探讨了农户生计策略与土地利用行为的可持续发展理念。二者作为人地系统的两个子系统相互作用、相互影响，最终在协同效应下达到一种彼此协调促进的理想组合，即优化状态。在这种状态下，农户拥有更多的生计资本使得生计策略的抗干扰能力变强，高水平的、均衡发展的土地利用效应使得土地利用行为更加合理有效。

3. 剖析了农户生计策略决策机制。青浦区农户生计策略主要包括传统农业型、专业农业型、农业兼业型、非农兼业型和非农型5种类型，并且其生计特征和资本状况各不相同。家庭整体劳动能力等7个变量是影响农户生计策略选择的主要因素。

4. 农户生计策略与土地利用行为之间存在着复杂的互馈关系。主要表现为：

（1）不同生计策略类型农户的土地利用行为存在差异。

①土地流转行为：不同类型农户的转出土地面积没有明显差异，而在转入土地面积方面存在显著差异。

②种植选择行为：该区农户主要种植水稻（R）、小麦（W）、蔬菜（V）和绿肥作物（G）等；传统农业型农户主要采取"R+G"模式，专业农业型和农业兼业型农户主要采取"R+G+W"模式，非农兼业型农户主要采取"V+G"模式。

③土地投入行为：不同类型农户耕地利用集约度大小顺序为专业农业型、传统农业型、农业兼业型、非农兼业型，它不仅与农户自身禀赋有关，还受到生计类型的影响。

④土地保护行为：当地农户主要采取种植绿肥、冬前深翻、测土配方施肥和秸秆还田等保护措施。

（2）农户不同的土地利用行为对生计策略的反馈作用不同。专业农业型和农业兼业型农户的耦合协调度和土地利用效应较高，促使50%以上的农户改变原有生计策略；而非农兼业型和传统农业型农户较低，抑制50%以上的农户改变原有生计策略。

（3）不同类型农户的生计策略与土地利用行为的耦合协调关系各异。专业农业型农户耦合协调度为0.545 9，处于高度耦合协调阶段；其余3种类型农户耦合协调度集中在0.4~0.5范围内，处于中度耦合协调阶段。

5. 不同经济发展水平地区的农户生计策略与土地利用行为特征存在差异。

为了进一步深入剖析经济发展对农户生计策略和土地利用行为的多样性分化特征的影响，分别选择固原市彭阳县、长沙市长沙县作为西部和中部两种不同发展水平地区的案例区，并与青浦区进行比较。

（1）在农户生计策略方面：

①彭阳县农户主要依靠农业生产维持生计；长沙县农户大多采取兼业型生计策略，农业规模化经营模式开始出现；青浦区大部分农户进城定居，留在农村的农户以农业生产为主，专业农业型农户逐步增多。

②农户生计资本总值由东向西逐渐减少。

（2）在农户土地利用行为方面：

①种植选择行为：青浦区以"R+G+W"的种植模式为主；长沙县农户以种植单季稻为主；彭阳县农户以"春玉米 + 冬小麦 + 小秋杂粮 / 洋芋 / 胡麻"的种植模式为主。

②土地投入行为：2001—2016年，长沙县和彭阳县的耕地利用集约度逐年升高，而青浦区逐年下降；不同地区耕地集约利用的影响因素存在差异。

③土地利用效应及其障碍因子：2001—2016年，3个案例区的土地利用效应总体上均朝着有利的方向发展，但不同地区存在着各异的障碍因子。

6. 在经济发展与生态保护兼顾情景、经济发展与粮食安全兼顾情景、生态保护与粮食安全兼顾情景以及综合发展情景4种不同情景中，综合发展情景最有利于青浦区农户生计策略与土地利用行为可持续发展目标的实现。其中，该情景下专业农业型的生计策略更加具有竞争优势。其生计策略特征为：以土地规模化经营为主要生计活动；定期接受农业技术培训；使用较多先进的农业机械设备。其土地利用行为特征为：规模化经营；合理化种植；科学化管理。

本专著为湖南城市学院"双一流"学科文库。本专著受"湖南省新型城镇化研究院"资助。本专著受"湖南省社科评审课题（XSP17YBZC021）、湖南省教育厅重点课题（19A086）、2018 年湖南省高校青年骨干教师培养项目、湖南省社会科学基金（20JD011）、数字化城乡空间规划关键技术湖南省重点实验室（2018TP1042）、2022 年湖南省自然科学基金（人力资本约束下粮食主产区农机投入对农业绿色全要素生产率的门槛效应研究）"资助。

目　录

第一章 绪 论

第一节 研究背景与意义

一、快速城镇化对农户生计策略及其土地利用行为的影响

2018年，我国已实施改革开放政策40年。在此时期，我国城镇化取得了巨大的成就，城镇化率由17.92%上升为58.52%，超过世界平均城镇化水平3.72个百分点，即将完成城镇化的中期快速成长阶段[1]。

伴随着我国城镇化进程的快速推进以及土地流转政策的实施，我国农村地区发生了翻天覆地的变化：农户有了更多谋生的选择，不再以传统农业生产作为唯一的生计，而是开始向非农化、兼业化或农业专业化等方向发展，农户生计策略出现了分化。而农户作为农村最基本的经济活动主体和决策单元，也是土地经营的主体，其生计策略改变必然会引发不同的土地利用行为。具体表现为以下3个方面：一是随着非农务工机会的增多以及农业机械化水平的提高，大量农村劳动力开始向二、三产业转移，部分农户将土地撂荒或进行了流转，向非农化方向发展；二是未全部转出土地的农户则向兼业化方向发展，根据生计活动主次可分为农业兼业型和非农兼业型两种类型。由于从事农业生产的目标不同，彼此之间的土地利用行为(包括土地流转、土地投入、种植选择、土地保护等方面)也存在差异；三是少量农户承包大面积土地进行农业生产，土地规模化经营开始起步，其土地利用行为又与普通农户有所不同。

综上所述，我国农户在快速城镇化背景下采取了多种多样的生计策略，

并且其土地利用行为也各有特点。鉴于此，各种生计策略与相应的土地利用行为之间的发展是否具有可持续性则成为一个值得思考的重要问题。本书以我国东部发达地区的上海市青浦区作为案例研究区，系统分析了不同类型农户的生计策略与土地利用行为的特征以及二者之间的协调发展关系，通过情景模拟来探索该区未来农村农户可持续的生计策略与土地利用行为模式，具有重要的理论意义和指导意义。

二、实现农户可持续生计是解决"三农"问题的关键之一

"三农"（农村、农业、农民）问题关系到我国的经济发展、社会稳定和民族复兴，历来是党和国家工作的重中之重。该问题是一个整体，核心是农民问题，因此，实现农村中农户生计的可持续发展则成为解决"三农"问题的关键之一。近年来，中央农村工作会议及重大战略部署等均紧紧围绕加快实现农户可持续生计目标展开。2013年，习近平在中央农村工作会议上强调农村经济社会发展，说到底，关键在人；要通过富裕农民、提高农民、扶持农民，让农业经营有效益，让农业成为有奔头的产业，让农民成为体面的职业，让农村成为安居乐业的美丽家园。同年，中央一号文件首次提出了"家庭农场"的概念，并出台了一系列扶持新型农业经营主体的政策，促进传统农民向职业农民转变，在大幅度提高农业生产效率的基础上，实现农民收入的增加。2014年，农业部发布《2014年国家深化农村改革、支持粮食生产、促进农民增收政策措施》，50项惠农政策、2000亿元补贴资金共同促进农业发展、农民增收。2015年4月，农业部办公厅出台了《农业部2015年为农民办实事工作方案》，决定为农民办理12件实事，其中，深入开展百万新型职业农民培训、将新品种展示示范核心区扩大到140个粮棉油大县、开展母牛扩群增量、开展肉牛养殖增产增效行动、支持贫困地区绿色食品和有机食品发展等措施对推进农户生计的可持续发展起着重要作用。2016年4月，财政部、农业部印发《关于全面推开

农业"三项补贴"改革工作的通知》，将种粮农民直接补贴、农作物良种补贴和农资综合补贴合并为农业支持保护补贴，使真正从事粮食生产的种粮大户、家庭农场、农民合作社等新型经营主体获得有力支持，同时促进耕地地力保护。2017年中央一号文件提出落实农村土地集体所有权、农户承包权、土地经营权"三权分置"办法。同年10月30日，中共中央办公厅、国务院办公厅印发了《关于完善农村土地所有权承包权经营权分置办法的意见》，这部文件的出台具有重大意义，"三权分置"后，农民可以更加放心地进行土地经营权流转，有利于加快农民生计转型和实现农民生计可持续发展。2018年1月2日，中共中央、国务院发布《关于实施乡村振兴战略的意见》，强调乡村振兴，农民生活富裕是根本，并分别从农村教育、农村劳动力转移就业、农民增收等方面作了重大战略部署，大力推进农民生计的可持续发展。同年1月18日，为落实中央一号文件精神，农业农村部发布《关于大力实施乡村振兴战略加快推进农业转型升级的意见》。

由此可以看出，加快实现农民生计的可持续发展，尤其是从农业土地利用方面着手，对解决"三农"问题起着举足轻重的作用。由于农户是我国农村最基本的经济活动主体和决策单元，因此，从农户的生计策略和土地利用行为等微观方面进行研究，具有重要的现实意义和参考价值。

第二节　国内外研究进展

一、关于生计

对生计问题的关注起源于20世纪80年代中期Robert Chambers的研究工作，其目的主要是为了解决人们的贫困问题。Robert Chambers和Conway于1992年提出了生计的概念，认为"生计是谋生的方式，该谋生方式建立在能力、资产(包括储备物、资源、要求权和享有权等)以及活动基础之上"，并阐述了"可持续生计"的思想：当一种生计可以应对并且从压力和冲击中得以恢复；能够在当前和未来保持或提高其能力和资本，同时又不破坏自然资源基础，我们称这种生计是可持续的[2]。为了进一步加强对生计的研究以便更好地解决贫困问题，20世纪90年代国外众多研究机构和非政府组织纷纷提出了生计分析框架，主要有英国国际发展署（DFID）、联合国开发计划署（UNDP）和国际关怀组织（CARE）分别提出的生计框架[3]。其中，目前应用最为广泛的是英国国际发展署（DFID）提出的可持续生计框架。国内对可持续生计的研究起步较晚，21世纪初，随着国外可持续生计研究方法及相关研究成果的介绍和引进，我国学者开始对农户的生计状况展开大量的研究，理论基础主要为DFID可持续生计框架[4]。通过文献梳理得出，国内外学者围绕生计主要进行了以下研究。

1. 生计资本

依据DFID可持续生计框架理论，生计资本是该框架的核心，是人们选择生计策略和抵御风险的基础，也是其获得积极生计成果的必要条件[5]。

国内外学者的研究主要从生计资本评价及其与生计策略的关系等方面展开，并且研究区域大多为农村贫困地区。Sharp在埃塞俄比亚开展了农村贫困人口生计资本的定量化研究[6]；李小云等在此基础上构建了适合中国的农户生计资本量化指标体系，并以福建沙县和广西马山县2个行政村为例对不同生计策略类型农户的生计资本进行了量化分析[7]；Perz以亚马孙河流域的一个小农场为例，探究了生计资本与生计多样性之间的关系[8]；Erenstein等以生计资本作为衡量贫困的标准，绘制了印度恒河贫困地图[9]；Hua等基于青藏高原东部大渡河上游357户农户的实地调查数据，比较分析了不同生计策略类型农户的生计资本差异，并运用多元逻辑回归模型对生计资本与生计策略的关系进行了定量化探讨[10]；徐定德等对四川省山丘区不同生计策略类型农户的生计资本进行了评价，并进行了对比分析[11]；陈相凝等以退耕还林背景下的西藏7县为例，在量化分析退耕户和非退耕户生计资本的基础上，采用二元逻辑回归模型探讨了农户生计资本对其生计策略选择的影响[12]；蔡志海对汶川地震灾区贫困村农户的生计资本进行了测量和分析[13]；Kibwage 评估了肯尼亚南部地区烟草种植户和非烟草种植户的生计资本，结果表明后者高于前者[14]；师学萍等以西藏尼洋河流域207 份农户生计资本调查数据为依据，对其进行量化分析，结果表明该流域农户的生计资本既存在结构差异又存在区域差异[15]；黎洁等利用陕西省周至县退耕山区的实地调查数据，对农户（农业户和兼业户）的生计资本进行了综合评价与对比分析[16]；苏芳等对张掖市甘州区农户的生计资本进行了综合评估，并采用二元逻辑回归模型对生计资本与生计策略的关系做了定量化探讨[17]；韦惠兰等以河西走廊沙化土地封禁保护区外围为例，根据距离保护区远近将农户划分为对照组和项目组，对两组农户的生计资本进行了评估与对比，运用二元逻辑回归模型揭示了当地农户生计资本与生计策略之间的关系[18]；Pour 等为了促进伊朗农村地区生态环境保护和农户生计改善，运用多项逻辑回归模型揭示了农户生计资本与生计策略的关系，结果表明应采取干预措施提高农户的人力、社会和金融资本使其采取商业和混合战略，从而有利于农户生计改善和生态环境保护[19]；Babulo 等以埃塞俄比亚北部地区360 户农村家庭的调查数据为基础，运用多项逻辑回归模型分析了农户生计资本与生计策略的关系[20]。

2．生计策略

生计策略是指人们为了实现一定的生计目标而进行的活动和选择的范围与组合。人们对生计策略拥有越多的选择性和灵活性，他们容忍或适应脆弱性背景下的压力和冲击的能力越强[5]。

已有文献对农户生计策略的研究主要包括类型划分、影响因素及其与生计资本的关系等方面。

（1）类型划分：Liu 等采用决策树的方法将上海市青浦区农户的生计策略划分为非农务工主导型、平衡型、非农型、空闲型、专业型和传统型6 种类型[21]；Scoones 将农户生计策略识别为农业集约化、扩大化、生计多样性和移民 3 种类型[22]；Walelign 以莫桑比克的 2 个村庄为例，采用主成分分析法、层次聚集法和 K 均值聚类法将农户生计策略划分为基于农业环境、基于支持、基于工资和基于商业 4 种类型[23]；Soltani 以伊朗扎格罗斯的农户家庭和村庄等实地调查数据以及当地森林和牧场等相关统计数据为依据，运用因子分析法和聚类分析法将 75 户农户的生计策略划分为 3 种类型，即森林种植和牲畜养殖的生计策略、混合型生计策略以及非农业生计策略[24]；何威风等结合重庆市"两翼"地区的实际情况，以家庭当前的生计方式、主要收入来源、农户生计资本差异、农副产品商品化率等指标，将 1 015 户样本农户的生计策略划分为缺失型、基本型、自然资产型和人力资产型 4 种类型[25]；刘恩来等依据家庭劳动力的从业类型将四川省 402 户农户的生计策略划分为纯农型、兼业型和非农型 3 种类型[26]；赵文娟等以云南新平县干热河谷傣族地区为例，首先依据农户是否参与非农活动和有无非农收入，将 287 户农户的生计策略划分为纯农型和非农型，然后依据非农收入比重对非农型农户进行细分，非农收入小于等于 50% 的为农兼型，大于等于 50% 的为兼农型，大于 90% 的为非农型[27]。

（2）影响因素：代富强等基于 8 种生计活动变量，采用潜在聚类分析方法将重庆市铜梁县（今铜梁区）侣俸镇 286 户农户的生计策略划分为农业自给型、农业经营型、兼业化型和非农化型 4 种类型，然后以多分类逻辑回归模型分析了不同类型农户生计策略选择的影响因素[28]；苏芳等采用二分类逻辑回归模型探讨了四种不同的生态补偿方式（包括政策支持、资金支持、物质支持和技术支持等）对张掖市甘州区农户生计策略的影响[29]；蒲春玲等以新疆南部地区 400 户棉农的实地调查数据为基础，运用因子分析法等数学模型分析了农户生计策略变化的影响因素，结果表明家庭经营规模，种子、农药及地膜投入，政府补贴资助量和套种数量 4 种变量对棉农生计策略变化的影响较为显著[30]；伍艳基于四川省平武县和南江县 372 户农户的调查问卷，运用二分类逻辑回归

模型分析了农户生计资本对生计策略选择的影响[31]；Berjan 等从波黑东南部 9
个市随机抽取了 147 户农户家庭，通过实地调查分析了家庭财务管理对农户生
计策略的影响[32]；Ingxay 等探讨了老挝北部 63 户农村居民应对雨季水稻短缺
的能力，并且揭示了气候变化对农户生计策略变化的影响作用[33]；Haider 等
以孟加拉南部地区 2 个社区 4 个村庄的 150 户农户调查数据为基础，运用多元
线性回归模型分析了盐分对当地农户生计策略的影响[34]；Tesfaye 等分析了参
与式森林管理背景下埃塞俄比亚南部贝尔高地农户生计策略的影响因素，结果
表明户主年龄、耕地占有率等家庭特征以及海拔、离市场距离等地理因素对农
户生计策略具有重要影响[35]；刘晨芳等以湖北荆门市和宜昌市等两个农地整
治典型地区为例，采用倾向得分匹配—双重差分方法探讨了农地整治对农户生
计策略的影响[36]；孙欣等选取 10 项耕地细碎化相关指标，运用相关分析法和
地理探测器模型分析了左权县清漳河流域不同耕地细碎化程度对当地农户生计
策略选择地域分异的影响[37]。

（3）与生计资本的关系，前文已述，此处不再赘述。

3．可持续生计

当一种生计可以应对并且从压力和冲击中得以恢复；能够在当前和未来
保持或提高其能力和资本，同时又不破坏自然资源基础，我们称这种生计是可
持续的。生计可持续发展是农户在生产实践中不懈追求的目标。然而，由于自
然灾害、市场和社会环境以及政府行为等的不确定性，使得农户在现实中面临
着越来越多的生计风险，从而导致生计的脆弱性，这将严重影响其可持续生计
目标的实现[38]。

国内外学者的相关研究主要包括农户生计风险识别、生计脆弱性分析与
评价以及生计可持续性评价等方面。

（1）生计风险识别：Thi 等应用保护动机理论得出气候相关风险、农产品
价格波动以及生物安全威胁是澳大利亚非英语背景农民（越南农民）认为的最

主要的三种农业风险，并重点探究了农民对生物安全威胁认知的影响因素[39]；Bishu 等以埃塞俄比亚北部地区 356 户养牛户的实地调查为基础，采用因子分析法对生计风险得分和管理策略进行了分类，结果表明家庭劳动力短缺、较高的饲料价格和农民有限的收入是当地农民面临的最主要的生计风险，兽医服务、寄生虫控制和贷款利用是其应对上述风险的主要策略[40]；Habiba 等认为孟加拉国西北部农业区农民的生计风险为干旱的气候类型，并通过评估当地农民以及机构的适应能力对合适的抗旱方法进行了探讨[41]；Bohle 等以尼泊尔脆弱山区的 6 个村庄为例，分析了当地农民所面临的粮食短缺风险及其应对策略[42]；Mubaya 等采用定性和定量的方法调查了赞比亚南部和津巴布韦西南部农民对生计风险的看法，结果表明气候变化是最关键的风险来源[43]；万文玉等基于高寒生态脆弱区甘南高原 539 份农户调查数据，得出当地农户面临的主要生计风险为健康、教育、就业和自然等风险，并采用二分类逻辑回归模型分析了生计资本对农户生计风险和应对策略的影响[44]；赵雪雁等以民勤绿洲区为例，识别了当地不同类型农户面临的主要生计风险及采取的应对策略，并分析了影响农户风险应对策略选择的关键因素[45]；许汉石等以全国 10 省份 1 000 户农民的调查数据为基础，通过统计分析得出当前我国农户主要面临大病风险、子女受教育风险和养老风险等[46]。

（2）生计脆弱性分析与评价：Shameem 等探讨了在孟加拉国西南沿海地区不断变化的社会生态环境中，主要压力和危险对人们生计脆弱性的影响过程[47]；Enete 等以尼日利亚洪水易发地区的 120 户农户调查数据为依据，评估了不同性别农户的生计脆弱性水平，结果表明女性比男性更容易受到洪水的影响[48]；Shah 等开发了一种生计脆弱性指数的计算方法，并运用该指数对受气候变化影响严重的发展中国家依赖农业和自然资源的社区的农户生计脆弱性进行了评价与分析[49]；Ahmed 等运用生计脆弱性指数和政府间气候变化专门委员会脆弱性指数等方法，评估了埃及南部农村地区和城市地区人们对干旱等气候气候变化的脆弱性，结果表明农村地区比城市地区更容易受到气候变化的影响[50]；李立娜等以四川凉山彝族自治州为例，通过构建农户生计脆弱性评估指标体系对山区农户的生计脆弱性水平进行了评价，并探讨了其空间差异[51]；闫建忠等通过构建农牧民生计脆弱性评价指标体系，开展了青藏高原东部不同地带农牧民生计脆弱性的评估，结果表明高原区农牧民的生计脆弱性水平高于山原区和高山峡谷区[52]；刘伟等以陕南安康市657户农户的实地调查为依据，运用IPCC的"暴露—敏感性—适应能力"分析框架对该地区易地扶贫搬迁农户的生计脆弱性进行了评价，并采用多元线性回归模型对其影响因素进行了探究[53]；赵锋等以南北水调中线工程库区为例，对水库移民的生计脆弱性现状及其产生原因进行了分析，并探讨了解决其生计脆弱性问题的策略[54]。

（3）生计可持续性评价：赵雪雁等基于DFID可持续生计框架，构建了农户生计可持续性评价指标体系，对甘南高原纯牧区、半农半牧区和农区等的农户生计可持续性进行了评估，并提出了促进当地农户生计转型的建议[55]；汤青等以陕西延安市和宁夏固原市1 076户农户的实地调查数据为基础，基于DFID可持续生计框架构建了农户可持续生计效益评价模型，对样本农户进行了可持续生计的综合评价，并分析了不同类型农户之间的差异[56]；周洁等以DFID可持续生计框架理论为基础，建立了失地农民可持续生计评价指标体系，运用模糊物元模型对城镇化进程中南京市失地农民的生计可持续性进行了评价，并提出了实现失地农民生计可持续发展目标的对策建议[57]；崔晓明等以秦巴山区安康市为例，基于DFID可持续生计框架的5个组成部分构建了乡村旅游影响下农户可持续生计综合评价模型，对该区4类乡村旅游地农户的生计可持续性进行了综合评估，并进一步对比分析了农户生计资本结构的空间差异[58]；Nourozi等以伊朗西部地区以农业生产为主要职业和生计来源的250户农户的实地调查数据为基础，评估了样本农户的生计可持续性水平，并识别了能够准确预测农户对可持续生计态度的因素[59]；Wang等通过构建一种改进的生计可持续性指数，对中国南部丘陵红壤侵蚀区不同类型农户的生计可持续性进行了评价[60]；Salazar 等以厄瓜多尔的亚马孙北部地区为例，首先根据不同的土地利用方式将农户划分为咖啡和可可种植户，可可种植户，咖啡、可可和棕榈种植户以及咖啡种植户 4 种类型，然后从收入、支出和盈余等方面对上述农户的生计可持续性进行了评估，并探讨了改善当地农户生计的策略[61]。

二、农户土地利用行为

农户作为土地利用的基本主体，其行为与土地用途、土地利用集约化水平以及土地覆被变化有着密不可分的联系，将直接影响到土地利用的结构、数量、质量、效益和效率[62]。因此，研究农户的土地利用行为对实现土地资源的可持续利用具有重要的理论意义和现实意义。

关于农户土地利用行为含义的界定，目前学界还没有形成统一的认识。国内对其定义的研究较多：谭淑豪等认为在市场经济环境下，农户的生产决策实质上就是其土地利用行为[63]；刘洪彬等基于农户的生产决策过程，认为农户土地利用行为就是其对土地利用方式、利用程度和投入强度等方面的选择[64]；黄利民等认为农户土地利用行为是指农户在特定的自然、经济和社会环境中，为了实现自身的目标而对外部信号做出的反应，即农户在土地利用过程中所进行的各项行为选择[65]。而国外对农户土地利用行为的概念尚无明确的界定，但也从多方面对其进行了深入细致的研究。通过文献整理和归纳，国内外学者对农户土地利用行为的研究主要从以下几个方面展开。

1. 特征规律

大部分学者主要从土地投入行为、保护行为、撂荒行为、利用强度以及利用结构等方面来对农户土地利用行为的特征规律进行研究。朱兰兰等以四川省成都市和湖北省武汉市为例，通过构建农户土地利用行为评价指标体系，探讨了土地用途管制背景下农户土地利用行为特征的区域差异及其受土地用途管制的影响[66]。刘成武等基于中国南方稻作区江汉平原的354户农户的调查数据，分别从农地集约利用的目标、要素投入行为及其利用效率等方面对不同规模农户的土地集约利用行为进行了差异比较[67]。程化雨等通过对我国农户土地投入要素特征的实证探究，从理论上归纳出我国农户土地投入行为的一般特征，即土地要素投入的凝固化、劳动力要素投入的兼业化和"弱质化"、资本要素投入的短期化以及劳动手段的传统化[68]。Panichvejsunti 等以2011年洪水灾害和水稻政策背景下的泰国中部地区为例，对处于不同土地所有制安排下的小农户的作物种植组合特征及其差异进行了探究[69]。Tefera 等以埃塞俄比亚西部高地流域为例，通过对当地50户农户的实地调查，分析了农户在农业生产中面对土壤侵蚀问题时所采取的水土保持行为，并对其影响因素进行了探讨[70]。刘洪彬等以沈阳市苏家屯区238户农户的调查问卷为基础，采用方差分析法和统计分析法分别从土地利用方式、土地利用程度和土地利用强度等方面对郊区农户的土地利用行为空间分布特征进行了分析[71]。张丽琼等基于石羊河下游484户农户的实地调查数据，分别从农作物种类选择、作物种植多样化以及土地的投入和产出等方面分析了不同区域和不同类型农户的土地利用行为特征及其差异，并对农户的土地利用效率及其影响因素进行了探究[72]。Deininger 等利用2005年阿尔巴尼亚的生活水平调查数据，对土地碎片化背景下农户的土地撂荒程度、类型及其原因进行了分析，并探究了土地碎片化是否会对土地生产力产生影响[73]。

2．影响因素

目前主要从自然、经济和社会环境以及农户个体条件等方面来探讨农户土地利用行为的影响因素，以期为引导和规范农户土地利用行为、促进土地资源合理利用提供参考借鉴。赵敏敏等以库布齐沙漠的152份农户调查问卷为基础，采用累积 Logit 回归模型分析了当地禁牧政策对农户土地利用行为的影响，结果表明季节休牧对农户耕地利用行为的影响较大，而全年禁牧是农户草地利用行为的显著影响因素[74]。邹伟等基于江苏省189户农户的实地调查数据，运用双重差分法分析了农村居民点整理以及不同居民点整理政策对农户土地投入行为的影响，并对农村居民点政策调整和引导农户土地投入行为等提出了具有针对性的政策建议[75]。刘成武等通过对湖北省咸宁市4县1市1区1 252户农户的实地调研，分别从劳动力安排、耕作方式、土地资源配置和物质要素投入等方面探讨了农地边际化对农户土地利用行为的影响[76]。陈海等以陕西省米脂县高渠乡为例，采用经历－权重吸引模型分析了退耕还林政策期满前后不同类型农户群体的土地利用行为变化，并运用农户群体决策模型对不同政策情景下农户的土地利用行为进行了模拟[77]；冯艳芬等从土地利用行为主体出发，分析了广州郊区番禺区农户弃耕行为的特点，并运用二元逻辑回归模型从外因和内因等方面对其影响因素进行了探讨，结果表明家庭农业人口少，弃耕和农地转出意愿强烈，收入来源丰富，土地质量好，所在村镇二、三产业发达，距市中心和主干道近，农地暂未被征用的农户更容易发生弃耕行为[78]；Badmos 等以加纳北部农村为例，通过对当地186户农户的实地调查，探讨了气候因素和非气候因素(社会—经济因素)对农户土地利用行为的影响，研究结果表明雨季的延迟开始、波动以及中断等气候因素，以及农户对土地投入的获取不足等非气候因素是影响农户土地利用行为的显著因子[79]；Diaz 等通过建立一个基于经济理论框架的空间显示统计模型来识别智利南部农户土地撂荒的驱动因素，结果表明土壤质量，离二级公路、水产养殖中心和国家公园的距离，农业补贴以及牛头数量和农场的牲畜承载能力等是农户放弃土地的显著影响因素[80]。

3．行为效应

已有研究大多从农户土地利用行为对生态环境或农业生产力等方面的影响来探讨该行为的效应。梁流涛等以河南省传统农区224户农户的调查数据为基础，采用生命周期评价方法定量评估了样本农户土地利用行为的生态环境效应[81]；李翠珍等运用新古典经济学和农户经济学等理论，分析了北京市

1980—2005年农户作物种类选择和土地投入等土地利用行为的变化规律和特征，并探讨了其对耕地粮食生产能力产生的影响[82]；马群等以集约农区山东省寿光市为例，通过野外实地调查和室内数据分析探究了当地农户不同的土地利用方式对土壤养分状况的影响[83]；张建等在理论分析的基础上，基于江苏省4县1 221份农户样本数据，实证考察了自发和村集体组织2种农户土地流转行为对农业生产效率的影响，结果表明村集体组织农地流转能够大幅度提高农户的农业生产效率，而自发流转对其并无显著影响[84]；Selejio 等基于国家面板数据，采用随机边界模型评估了坦桑尼亚农村土地管理和保护技术（LMCT）采用者和未采用者的农业生产效率，结果表明 LMCT 采用者的生产效率明显高于未采用者[85]；El Hanandeh 等以约旦北部地区89户橄榄种植户的实地调查数据为基础，运用生命周期法评估了农民种植橄榄的环境效应，结果表明由于当地农户的化肥和农药使用量较低、机械化水平不高以及废品有效利用等原因，该地区橄榄种植业对环境的不利影响低于地中海其他橄榄种植地区[86]；Zermeno-Hernandez 等基于墨西哥东南部地区3个村庄68户农户的实地调查数据，采用生态干扰指数量化评估了不同土地利用方式造成的生态干扰，结果表明农林复合种植模式的生态干扰程度最低，单一种植模式的生态干扰程度适中，广泛种植模式的生态干扰程度最大[87]；欧阳进良等以黄淮海平原集约化农区河北省曲周县为例，通过农户实地调查分别从化肥、农药、地膜以及水资源利用等方面探讨了不同土地利用方式对环境的影响[88]。

三、农户生计策略与土地利用行为

生计策略是指人们为了实现一定的生计目标而进行的活动和选择的范围与组合[5]。农户作为农村最基本的经济活动主体和决策单元，也是土地经营的主体，其生计策略改变必然会对其土地利用行为产生影响，而土地利用行为的改变也会影响其生计策略的选择，二者之间是相互作用、相互影响的关系。在快速城镇化背景下，中国农村农户的生计策略出现了分化现象，由此引发了不同的土地利用行为，因此，探讨二者之间的相互作用关系对实现农户生计与土地利用可持续发展有着重要意义。国内外学者大多是将其中一个作为另一个的驱动力来进行研究。

1. 农户生计策略对土地利用行为的影响

梁流涛等在阐述农户兼业对土地利用行为及其效率作用机理的基础上，通过农户调查对南京市江宁区进行了实证探究，结果表明兼业类型对农户土地利用行为有显著的影响，不同类型农户在土地投入、利用程度和经营规模等方面存在较大差异[89]；张忠明等以浙江省841份农户实地调查问卷为基础，运用有序多分类 Logistic 回归模型对不同兼业程度农户的土地流转意愿及其影响因素进行了分析[90]；李翠珍等基于北京市大兴区的395份农户调研报告，首先将样本农户的生计策略划分为留在农业、农业与非农兼顾以及脱离农业3种类型，然后在分析生计活动多样化的基础上，探讨了农户不同生计策略对土地利用行为的影响[91]；Tittonell 等以东非地区为例，依据资源禀赋和收入策略等指标，运用主成分分析、农户排名以及聚类分析法等将250户样本农户的生计策略划分为非农、种植经济作物、粮食自给、部分依靠非农活动以及被雇用为农业劳动者5种类型，然后分析了不同类型农户在休耕、化肥使用以及土壤保护等方面的特征及差异[92]；王成超等以福建省长汀县的358份农户调查问卷为基础，采用二元逻辑回归模型探讨了农户生计非农化对土地流转行为的影响，结果表明生计非农化有效促进了农户转出土地，而抑制了其转入土地[93]；李明艳等在阐述劳动力非农就业对农户土地利用行为影响机制的基础上，以江西省东北部地区3个村庄316户农户的调研数据为基础，从非农就业对农户土地流转和投入行为等方面的影响进行了实证探究[94]；洪舒蔓等以武陵山区永顺县168户农户的实地调查数据为基础，依据家庭劳动力投入方向和家庭收入结构等，将样本农户的生计类型划分为纯农型、兼业型Ⅰ、兼业型Ⅱ和非农型4种，然后运用数理统计方法探讨了不同生计策略对农户土地投入行为的影响[95]；杨世龙等基于元江干热河谷地区新平县的实地考察，将167户样本农户的生计策略划分为纯农型、农兼型、兼农型和非农型4种类型，然后对不同生计策略类型农户的作物种植行为进行了分析[96]。

2．农户土地利用行为对生计策略的影响

赵立娟等利用内蒙古4个市区380户农户的样本数据，采用多分类逻辑回归模型分析了土地流转对农户生计策略的影响，结果表明土地转出后，农业型农户更加倾向于选择混合型和务工性的生计策略[97]；赖玉珮等以呼伦贝尔市新巴尔虎右旗M嘎查为例，通过对牧民的实地调研分析了草地流转对其生计策略的影响，结果表明富户转入草地后采取牲畜规模化养殖的生计策略，而贫困户转出草地后则选择为他人放牧或打工的生计策略[98]；Bradstock等以南非地区为例，通过对当地118户农户的实地调查探讨了土地改革背景下转入土地对农户生计策略及其生计水平的影响[99]；Scoones等通过对津巴布韦东南地区400户农户的实地考察，探讨了土地改革背景下土地利用变化对农户生计策略分化的影响，结果表明样本农户的生计策略可划分为15种类型[100]；张春丽等以三江自然保护区310家农户家庭的调查报告为基础，探讨了退耕还湿对农户生计策略的影响，结果表明农户倾向于选择发展精细农业、参与湿地生态旅游、进城务工以及农业与畜牧业相结合的生计策略[101]；吴海涛等基于滇西南山区的403份农户调查数据，通过分析种植杂交玉米对农户经济作物种植面积比重和非农劳动力比重等的影响来反映其对农户生计策略的影响，结果表明种植杂交玉米会减少农户经济作物的种植面积，但会促进农户从事非农活动[102]；孙贵艳等以DFID可持续生计框架为理论基础，结合实地调研数据对甘肃省秦巴山区退耕户和非退耕户的生计策略以及生计资本状况进行了分析，发现退耕户主要采取外出打工的生计策略，并且其生计资本总值和单项值均高于非退耕户[103]；Tang等以中国黄土高原埝沟流域14个村庄84户农户的实地调查问卷为基础，探讨了当地农户土地利用对其生计策略的影响，结果表明修

建梯田、退耕还林／草以及扩大果园种植面积等农业生产实践能够促使当地农户的生计策略由原来的粮食生产和依靠政府补贴向果园种植、外出打工以及在企事业单位固定工作等多样化方向发展[104]。

四、小结

由以上文献综述可知，农户生计视角为农村土地资源利用和农村可持续发展等问题研究提供了一种新思路。

（1）国内外学者在农户生计策略研究上取得了许多有益的成果，但绝大部分研究都以贫困地区为主要研究对象，而对经济相对发达地区的农户生计演变与转型趋势研究积累不足。

（2）关于农户土地利用行为的概念尚不完整，已有文献多从某一方面来进行单独探讨，缺乏系统性的综合研究。

（3）我国国土幅员辽阔，由于自然条件和社会经济条件的不同，农户生计策略和土地利用行为特征一般存在区域性差异，若仅以某一省域、县域或镇域为研究单元，无法反映出存在较大差异的不同地区之间的地域分异特征。

（4）农户生计策略和土地利用行为作为人地系统的两个子系统，二者之间是相互作用、彼此影响的，并且存在复杂的耦合关系，现有文献主要侧重农户生计策略与土地利用行为的独立研究或单向影响，有必要针对二者之间相互作用关系展开系统性研究。

第三节　研究目标和内容

一、研究目标

在快速城镇化背景下，中国农村农户的生计策略出现了分化现象，由此引发了农户不同的土地利用行为，并且二者在发展过程中相互作用、彼此影响。基于此，本书针对快速城镇化背景下农户生计策略与土地利用行为的可持续发展问题，以农户为研究对象和单元，拟围绕以下3个层面的问题展开研究。

（1）农户在我国当前城镇化背景下是如何做出生计策略选择的？不同生计策略类型农户的生计特征是怎样的？变化规律如何？

（2）不同生计策略类型农户的土地利用行为有什么特点？二者之间的关系如何？不同地区之间有何差异？

（3）什么样的生计策略与土地利用行为才是可持续的？未来的发展趋势是怎样的？如何选择适当的政策调控以实现农户生计策略及土地利用行为的可持续性？

二、研究内容

（1）农户生计策略—土地利用行为作用模型及二者可持续发展概念模式。以新行为主义者托尔曼、赫尔和斯金纳等提出的 S-O-R 人类行为模式以及斯金纳提出的强化理论为基础，构建农户生计策略—土地利用行为作用模型，剖析二者之间的相互作用过程；在此基础上，结合可持续生计策略与农户可持续土地利用行为的概念界定以及人地系统的研究目标，创建农户生计策略与土地利用行为可持续发展的概念模式，为后续案例研究提供理论指导。

（2）农户生计策略决策机制与类型划分。以西蒙有限理性管理人理论和DFID 可持续生计框架理论为基础，探析农户生计策略决策机制；由于农户生计策略类型的划分没有统一的划分标准，因此，参考已有研究成果，并结合上海市青浦区农户实地调研数据，本书首先根据谋生方式中是否有非农活动，将农业型农户筛选出来，按照土地经营方式的不同划分为传统农业型和专业农业型，然后将剩余农户的生计策略类型按照经济收入来源结构，即农业收入和非农收入的比例，将其划分为农业兼业型、非农兼业型和非农型；在此基础上，分别从家庭结构和劳动力分配等方面对不同生计策略类型农户的生计特征进行分析。

（3）基于生计资本的农户生计策略变化规律分析。依据 DFID 可持续生计框架理论，在同一环境下，农户的生计策略主要由其生计资本状况决定。因此，本书首先通过构建农户生计资本评价指标体系，采用综合指标法对不同生计策略类型农户生计资本进行评价，然后运用多分类逻辑回归模型探讨基于生计资本的农户生计策略变化规律。

（4）不同生计策略类型农户的土地利用行为研究。以青浦区农户实地调查数据为基础，运用数理统计方法分析不同生计策略类型农户的土地流转情况，然后采用单因素方差分析法探究不同类型农户的土地流转面积差异，并运用皮尔逊相关系数法解析其分异机理；通过农户调查分析不同生计策略类型农户的种植选择行为，包括农作物种类和轮作模式等的选择，并对其原因进行分析；以土地利用集约度来衡量不同类型农户的土地投入行为，包括劳动集约度和资本集约度，然后从农户个体水平和生计水平构建农户土地利用集约度影响因素指标体系，运用两水平方差成分模型探究其影响因素；通过农户调查数据分析不同生计策略类型农户的土地保护行为特征及其差异，并结合农户自身条件和相关农业政策对其原因进行探讨。

（5）农户生计策略与土地利用行为耦合协调关系分析。从人地系统角度出发，将农户生计策略与土地利用行为分别作为 2 个子系统，借鉴物理学中的容量耦合协调度模型，构建"人—地系统"耦合协调度模型，分析不同类型农户生计策略与土地利用行为之间的耦合度以及耦合协调度，揭示二者之间的相互适应性；在此基础上，引入斯金纳强化理论，分析农户土地利用对其生计的反馈机理，为实现农户生计转型、土地资源合理利用以及二者的可持续发展提供参考借鉴。

（6）不同经济发展水平地区农户生计策略与土地利用行为差异分析。基于农户实地调查数据，采用上海市青浦区农户生计策略类型划分方法对不同地区农户的生计策略类型进行划分，并对其特征进行分析；依据 DFID 可持续生计框架，通过构建合适的农户生计资本评价指标体系对不同地区的农户生计资本进行核算，并运用单因素方差分析法对同种类型农户的生计资本在不同地区的差异进行分析。

通过农户实地调查与统计，分析不同地区农户的种植选择行为，包括农作物种类和轮作模式等的选择；采用二分类逻辑回归模型对固原市彭阳县农户的冬小麦种植决策影响因素进行分析；利用不同地区2001—2016年相关农业统计数据，以土地利用集约度衡量不同地区农户的土地投入行为，包括劳动集约度和资本集约度，然后分别从自然资源、社会经济、政策环境和农业科技等方面构建耕地集约利用驱动因素指标体系；采用岭回归模型对不同地区耕地集约利用的驱动因素进行探究；分别从生态、经济和社会等方面构建适合的土地利用效应评价指标体系，运用 TOPSIS 法综合评价并对比分析不同地区2001—2016年的土地利用效应，采用障碍度模型识别影响土地利用效应的关键性障碍因子，并提出相应的政策建议，以为实现各地区土地资源的可持续利用提供参考借鉴。

（7）快速城镇化背景下农户生计策略与土地利用行为可持续发展模式选择。借鉴不同经济发展水平地区的"三农"发展理念，构建 4 种农户生计策略与土地利用行为的演变情景，采用情景分析法模拟 2030 年青浦区农村农户生计策略与土地利用行为系统可持续性演变的可能发展趋势；基于情景分析结果，结合农户生计策略与土地利用行为可持续发展的概念模式，选择出有助于实现该区农户生计策略与土地利用行为可持续发展的模式，并提出相应的政策建议。

第四节　研究方案和技术路线

一、案例区选择

青浦区作为中国快速城镇化地区之一，是中国东部沿海城市——上海市西部典型的城郊农业区。该区2016年地均 GDP 为1.41亿元／km^2，经济发展水平较高。由于土地流转政策的实施以及农村劳动力的转移，该区农户的生计策略分化为多种形态，并由此引发了农户不同的土地利用行为。因此，本书选择上海市青浦区作为主要案例研究区，重点探究快速城镇化背景下农户的生计策略与土地利用行为特征以及二者之间的相互作用关系。

长沙市长沙县位于中国中部的洞庭湖粮食主产区，是国家首批公布的"国家现代农业示范区"之一，粮食、蔬果、茶叶、生态养殖、花卉苗木以及休闲旅游是该县的六大农业产业。该地区2016年地均 GDP 为0.72亿元/km²，经济发展水平适中。近年来，随着城镇化进程的不断推进，该地区农村劳动力开始向二、三产业转移，导致农户生计策略出现了分化现象，并且不同生计策略类型农户的土地利用行为各有特点。

固原市彭阳县位于中国西部山区，城镇化水平不高，农户大多以农业生产作为主要的生计活动。该地区2016年地均 GDP 为0.01亿元/km²，经济发展水平较低。彭阳县自然条件恶劣，为了进行生态保护，当地实行了退耕还林的农业政策，给农户的生计造成了极大的影响。因此，一些农户开始进城务工以提高家庭经济收入水平；当地政府相关部门也积极探索合适的农作物品种。农户生计策略在城镇化和农业政策的影响下开始出现分化，其土地利用行为也发生了相应的改变。

由此可以看出，青浦区、长沙县和彭阳县分别处于不同的经济发展水平，并且"三农"发展理念也各不相同。因此，分析3个地区农户的生计策略和土地利用行为特征及其差异，对实现各地区农户生计和土地利用的可持续发展具有重要的研究意义。

二、研究方法

1. 理论研究与实证探究相结合的方法

本书在借鉴已有相关研究理论的基础上，创新性地构建了农户生计策略—土地利用行为作用模型，并提出了农户生计策略与土地利用行为可持续发展的概念模式。然后基于上述理论支撑，选取上海市青浦区作为主要案例研究区，长沙市长沙县和固原市彭阳县作为辅助案例研究区，进行实证探究，以检验本书提出的理论与方法的科学性与实用性。

2．定性分析与定量分析相结合的方法

在本书研究中，农户生计策略与土地利用行为特征及其影响因素既有可以量化分析的，也有难以量化的：如农户生计资本状况可以依据 DFID 可持续生计框架选取相关指标进行定量化探讨，而农户生计策略决策影响因素中的需求变量则难以量化研究。因此，需要采用定性分析与定量分析相结合的方法，以实现对问题的全面分析。

3．现状分析与未来预测相结合的方法

现状是未来发展的基础。为构建快速城镇化背景下青浦区未来农村农户生计策略与土地利用行为可持续发展模式，本书在对该地区二者特征及其影响因素以及相互作用关系等现状进行充分分析的基础上，以2016年为基础年，借鉴不同经济发展水平地区的"三农"发展理念，采用情景分析法模拟了2030年青浦区农户生计策略与土地利用行为的发展趋势，然后基于情景分析结果，选择出适合该区的可持续发展模式。

三、技术路线

本书技术路线主要包括问题研究、框架构建、实证探究以及模式选择4部分。

（1）问题研究：通过对中国快速城镇化背景的分析，提出关于农户生计策略与土地利用行为的 3 个层面的问题，即本书的研究目标（见第一章第三节）；然后基于研究目标，对可能涉及的相关理论进行梳理和学习，界定农户生计策略与土地利用行为等概念，并构建二者相互作用模型以及可持续发展的概念模式，以为后续案例研究提供理论指导。

（2）框架构建：基于农户生计策略—土地利用行为作用模型，首先以西蒙有限理性管理人理论和 DFID 可持续生计框架理论为基础，剖析农户生计策略决策机制；然后对农户生计策略类型进行划分，通过构建生计资本评价指标体系对不同生计类型农户的生计资本进行评估，运用多分类逻辑回归模型探究基于生计资本的农户生计策略变化规律；分析不同生计策略类型农户的土地利用行为特征及其影响因素，包括土地流转行为、种植选择行为、土地投入行为以及土地保护行为等；从人地系统角度出发，借鉴物理学中的耦合理论，分别从农户生计资本和土地利用效应等方面选取指标构建农户生计策略—土地利用行为系统耦合协调度模型，分析二者之间的耦合关系和耦合协调关系，揭示其相互适应性，然后以 S-O-R 行为模式和斯金纳强化理论为基础，分析农户土地利用行为综合变化对生计策略的反馈作用；同时，依据农户生计策略与土地利用行为可持续发展的概念模式，利用耦合协调度衡量不同类型农户生计策略与土地利用行为的可持续性。

（3）实证探究：以快速城镇化背景下农户生计策略分化速度较快的上海市青浦区为主要案例研究区，依据构建的研究框架进行实证探究，验证农户生计策略—土地利用行为作用模型中的各个阶段；另选取长沙市长沙县和固原市彭阳县作为辅助案例研究区，对 3 个不同经济发展水平地区的农户生计策略与土地利用行为进行比较，重点探究农户生计资本、种植选择行为、土地投入行为以及土地利用效应。

（4）模式选择：借鉴不同经济发展水平地区的"三农"发展理念，设计 4 种农户生计策略与土地利用行为的演变情景，采用情景分析法模拟青浦区 2030 年农户生计策略与土地利用行为系统可持续性演变的可能发展趋势；基于情景分析结果，选择出适合该区的可持续发展模式，并提出实现该模式的政策建议。技术路线如图 1-1 所示。

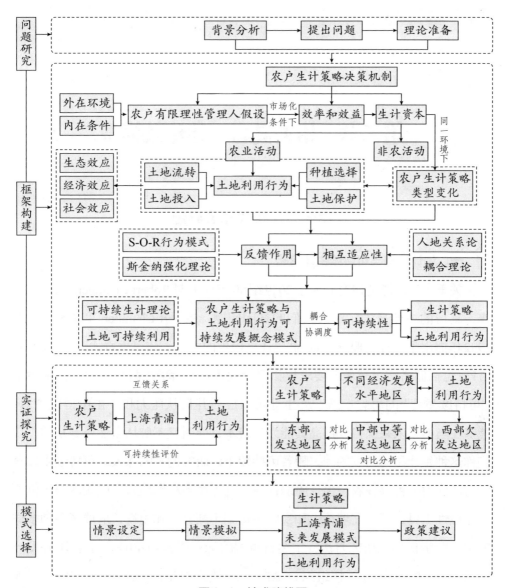

图1-1 技术路线图

第二章 相关概念、理论及模型

第一节 相关概念界定

一、生计策略与可持续生计策略

关于生计问题的研究起源于20世纪80年代中期 Robert Chambers 的研究工作，其目的主要是为了解决人们的贫困问题。Robert Chambers 和 Conway 于1992年提出了生计的概念，认为"生计是谋生的方式，该谋生方式建立在能力、资产（包括储备物、资源、要求权和享有权等）以及活动基础之上"，并阐述了"可持续生计"的思想：当一种生计可以应对并且从压力和冲击中得以恢复；能够在当前和未来保持或提高其能力和资本，同时又不破坏自然资源基础，我们称这种生计是可持续的 [2]。随着可持续生计研究的不断深入，可持续生计分析方法作为一种寻找农户生计脆弱性原因并提供多种解决方案的集成分析框架和建设性工具，逐渐在理论上和实践中得到不断开发和重视，形成了多种多样的生计分析框架和研究方法，主要有英国国际发展署（DFID）、联合国开发计划署（UNDP）和国际关怀组织（CARE）分别提出的生计框架 [3]。其中，目前应用最为广泛的是英国国际发展署（DFID）提出的可持续生计框架（具体见本章第二节）。

首先，依据 DFID 可持续生计框架，本书将生计策略的概念界定为人们为了实现自身的生计目标而制定的活动和选择的范围以及组合方式。然后，本书将根据 Robert Chambers 和 Conway 提出的可持续生计思想来界定可持续生计策略的概念，具体过程如下：英国国际发展署发布的《可持续生计指南》中指出，人们在生计策略选择中拥有越多的选择性和灵活性，其容忍或适应脆弱性背景下冲击和压力的能力越强，该表述明确了可持续生计的具体表现；在《可持续生计指南》中，关于生计资本与生计策略关系的阐述表明，拥有更多生计资本的人们倾向于拥有更多的选择以及在多种生计策略中转换的能力，该表述明确了可持续生计的实现方式。根据以上理论分析，并结合本书对生计策略可持续性进行量化研究的目标，本书将可持续生计策略的概念界定为能够使人们获得足够多的生计资本以便在受到压力或打击时可以应对并快速恢复的生计策略类型。

二、农户土地利用行为与农户可持续土地利用行为

农户行为是指农户在特定的社会经济环境中，为了实现自身的经济利益面对外部经济信号做出的反应[105]。农户作为农村经济行为主体，同任何经济主体相同，其行为主要受经济利益目标、自身能力以及外部环境等因素的影响。从行为角色方面来讲，农户是一个集生产和消费于一身的经济活动主体和决策单元，因此农户行为主要包括农户经营行为、农户销售行为和农户消费行为。其中，农户经营行为是指在一定经济体制、经济政策与法规、资源结构条件下，农户为达到一定的目标而选定经营方向、经营规模、经营方式而表现出来的一系列经济活动过程[106]。根据农户从事的主要生计活动类型，可将农户经营行为划分为农户农业生产经营行为和农户非农业经营行为。由此可见，农户土地利用行为就是农户农业生产经营行为中的一种。目前，对于农户土地利用行为内涵的界定，学界还没形成统一认识，但已有研究总是围绕其具体表现展开，如农户土地流转行为、土地利用方式选择、土地资本与劳动力投入、土地弃耕行为、土地租赁行为、土地利用结构以及土地保护行为等等。因此，本书在已有研究的基础上，提出了农户土地利用行为的概念：农户土地利用行为是指农户基于一定的生计策略目标而在农业生产活动中以土地为对象进行的各种活动的总称。依据农户土地利用过程，本书将农户土地利用行为概括为土地流转行为、种植选择行为、土地投入行为和土地保护行为4种。关于农户可持续土地利用行为的概念，本书将根据已有研究中"土地可持续利用"的内涵来界定。傅伯杰等认为土地可持续利用就是实现土地生产力的持续增长和稳定性，保证土地资源潜力和防止土地退化，并具有良好的经济效益和社会效益，即达到生态合理性、经济有效性和社会可接受性[107]；曲福田等对土地可持续利用的定义与傅伯杰等类似，也是从生态、社会和经济三个方面来考虑，认为土地可持续利用就是保证土地资源的生产潜力和防止土地退化，实现土地生产力的持续增长和稳定性，达到生态持续、经济可行和社会可接受，曲福田等还指出为了适应可持续发展的战略思想，土地可持续利用决策应该追求经济、社会和生态三方面的均衡发展[108]。由此可见，土地利用行为不仅具有自然属性，还具有社会属性，须从生态、经济以及社会三个方面来对其内涵进行界定。根据已有相关研究，结合本书对农户土地利用行为可持续性进行量化研究的目标，本书认为农户可持续土地利用行为就是指一种合理有效的土地利用方式，即能够实现高水平的土地利用效应，包括生态效应、经济效应和社会效应，并且三个方面呈现均衡发展态势。

第二节 相关基础理论

一、人类行为模式理论

1913年，美国心理学家约翰·华生（John Broadus Watson）创立了早期行为主义。他认为心理学的研究对象不是意识而是行为，主张研究行为与环境之间的关系；在研究方法上，他主张采用客观的实验方法而非内省法[109]。行为主义用刺激（Stimulus）和反应（Response）来解释行为，而对其中的中间环节不予理会，华生称之为"黑箱作业"[110]。基于此，华生创立了最初的人类行为模式：S-R。由于华生提出的 S-R 人类行为模式忽略了有机体的内部过程，导致对人类行为的解释过于极端化和简单化。因此，20世纪30年代，以伯尔赫斯·弗雷德里克·斯金纳（Burrhus Frederic Skinner）为首的一批新行为主义者在华生行为主义的基础上进行了改进，加入了有机体（Organism）这一中间变量，形成了新的人类行为模式：S-O-R（图2-1），创立了新行为主义。其中，中间变量是指个体当时的心理和生理状态，是其行为的实际决定因子，包括需求变量和认知变量。需求变量就是人们的目标或动机，而认知变量就是能力。新行为主义者提出的 S-O-R 人类行为模式较为完整地揭示了人们在外界刺激作用下的行为反应过程，因此，本书将借鉴此行为模式来构建农户生计策略—土地利用行为作用模型，为后续案例研究提供理论指导。

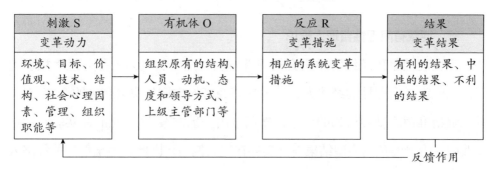

图2-1 S-O-R 人类行为模式图

二、斯金纳强化理论

伴随着20世纪30年代新行为主义的出现，美国心理学家斯金纳（Burrhus Frederic Skinner）在巴甫洛夫"经典条件反射"的基础上，提出了一种"操作条件反射"理论。他认为人或动物为了实现某种目标，会采取一定的行为作用于环境。当这种行为的结果对其有利时，那么该行为就会在以后重复出现；而当这种行为的结果不利时，则该行为就会减弱甚至消失[111]。基于此原理，斯金纳提出了著名的"强化理论"，也叫"行为修正理论"。所谓强化，指的是对一种行为的肯定或否定的后果(报酬或惩罚),它至少在一定程度上决定这种行为在今后是否会重复发生。根据强化的性质和目的,可以把强化分为积极强化和消极强化。积极强化是指当人们采取某种行为时,能得到某种令其感到愉快的结果,这种结果反过来又可以成为推进人们趋向或重复此行为的力量,该结果作为一种刺激物称为积极强化物,它增强了某种行为发生的概率;消极强化是指通过某种不符合要求的行为所引起的不愉快的后果,对该行为予以否定,这种不愉快的后果称为消极强化物,它降低了某种行为发生的概率[112]。一般来讲,农户会基于其生计策略目标而采取相应的土地利用行为作用于环境,那么土地利用效应作为农户土地利用行为的结果,必然会对其生计策略产生影响,如转变为其他生计策略类型或保持不变。因此,本书将引入斯金纳强化理论来探究农户土地利用行为对其生计策略的反馈作用机理。

三、西蒙有限理性管理人理论

完全理性是传统经济学研究的重要基石,主要表现为大部分经济模型均假定人们为完全理性的经济人,认为这些经济人掌握与决策有关的全部信息,并能够精准预测某种行为的后果,然后选出最优方案[113]。然而在实验和决策实践中,大量的预测模型结果与现实存在较大偏差,因此,完全理性的经济人假设受到了许多现代经济学家的批判。他们提出了一些新的理论,如过程理性,渐进理性以及有限理性等。其中,以赫伯特•西蒙(Herbert A. Simon)提出的有限理性管理人理论最具有影响力,得到了广大学者的认可。西蒙认为,由于外界环境的不确定性和复杂性以及人们自身知识和能力的不完备性等,管理者或决策者在处理复杂问题时不可能将所有解决方案一一列出,并能对其进行正确预测,因此,他们并非是理性的"经济人",而是介于完全理性与非理性之间的有限理性的"管理人"[114]。完全理性的"经济人"同真实的世界打交道,然后在所有备选方案中选出最优方案,而有限理性的"管理人"则是通过自身感知来认识世界，在已知方案中寻找满意的方案[115]。所以，西蒙主张人们在进行决策时使用"满意化"原则，而非最优化原则。由此可见，西蒙的有限理性管理人理论既符合经济学原理，又适应于人类心理学所注意到的人类决策的局限性[116]。因此，与完全理性的经济人理论相比，有限理性管理人理论更符合现实，更具有实用价值。本书将引入该理论来对农户的生计策略决策机制进行分析。

四、DFID 可持续生计框架理论

随着可持续生计研究的不断深入，20世纪90年代，国外众多研究机构和非政府组织纷纷提出了生计分析框架，主要有英国国际发展署（DFID）、联合国开发计划署（UNDP）和国际关怀组织（CARE）分别提出的生计框架。生计框架为人们提供了一种研究生计的工具，目前应用最为广泛的是英国国际发展署提出的可持续生计框架。它是农村可持续生计咨询委员会在发展研究所（Institute of Development Studies，IDS）及其他机构前期研究的基础上发展的，显示了影响人们生计的主要因素以及它们之间的某种联系[117]（图2-2）。

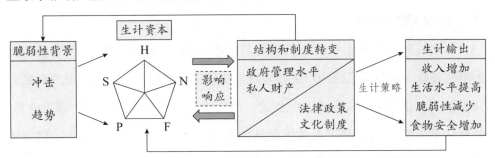

（H：人力资本，N：自然资本，F：金融资本，P：物质资本，S：社会资本）

图2-2　DFID 可持续生计框架

该框架由脆弱性背景、生计资本、结构和制度转变、生计策略和生计输出5个部分组成。图中的箭头并非意味着直接的因果关系，而是表示诸要素之间一系列复杂的关系：脆弱性背景（包括趋势、冲击和季节性）既可以破坏又可

以创造生计资本；结构和制度转变对生计资本的获取有深刻的影响，例如政府对基础设施(物质资本)、技术改革(人力资本)或地方制度(社会资本)等的投资政策可以创造资本，还有一些政策可以通过调节公共资源所有权来减少生计资本的获取，而人们的资本越多，对结构和制度的影响越大；结构和制度转变影响农户的生计策略——资本组合与使用方式，拥有更多资本的人们会有更多的生计选择和在多种生计策略中转换的能力以维持生计；不同的生计输出影响农户生计资本。总的来说，该框架以人为中心，处于框架中的人们在脆弱性背景以及与结构和制度转变的相互影响下，将其所拥有的资本进行组合使用，表现为不同的生计策略，并通过从事一系列的活动来实现所追求的生计输出，而生计输出结果又会反作用于生计资本，影响生计资本状况。在同一区域内，由于脆弱性背景、结构和制度转变等外部因素相同，因此，农户生计策略主要由其自身拥有的生计资本决定。在不同的资本状况下，人们的生计活动呈现多样化，并且相互组合起来形成不同的生计策略。本书将引入 DFID 可持续生计框架理论来研究青浦区农户基于生计资本的生计策略变化规律。

五、人地关系理论

人地关系是指人类社会及其活动与地理环境之间存在的相互依存、相互影响的关系。人地关系论的产生和发展经历了漫长的过程，国外对此方面的研究较早，主要有环境决定论、或然论、可能论、生态论、文化论和适应论等，分别从不同的角度研究了人与地之间的关系[118]；国内对人地关系的研究较晚，吴传钧先生在法国人地学派 de la Blache V 和 Brunhes J 等提出的或然论的基础上，于1991年创造性地提出了"人地关系地域系统"这一地理学概念，并认为其是地理学的研究核心[119]。由此，我国人地关系研究开始进入现代科学研究体系。

吴传钧认为，人地系统是由地理环境和人类活动两个子系统交错构成的复杂的、开放的巨系统，并且其内部具有一定的结构和功能机制；人地关系地域系统则是以地球表层一定地域为基础的人地系统。在此系统中，"人"是指从事各类生产活动的个体或群体，具有自然和社会两种属性；"地"是指由自然和人文要素组成的地理环境。二者之间的客观关系表现在两个方面：一是人对地具有依赖性，地理环境影响人类活动；二是人在人地关系中居于主动地位，能够认识、利用和改造地理环境。因此，人与地是相互作用、彼此影响的关系。吴传钧还指出人地系统的研究目标是优化调控，实现人—地的可持续发展。具体来讲，其中心目标是协调人地关系，重点研究人地关系地域系统的优化，并落实到区域综合发展上[120]。从微观角度来看，关于农户生计策略与土地利用行为的研究实际上就是人地关系的研究，因此，本书引入人地关系理论来明晰二者之间相互作用的实质，并为二者可持续发展概念模式的构建提供理论支撑。

六、耦合理论

耦合是一个物理学概念，指两个或两个以上的体系或运动形式之间通过各种相互作用而彼此影响以至联合起来的现象，或者是通过各种内在机制互为作用，最后形成一体化的现象[121]。1994年，任继周先生首次将"耦合"这一概念运用到生态系统中，并提出了"系统耦合"的概念：两个或两个以上性质相近似的生态系统具有互相亲和的趋势，当条件成熟时，它们可以结合为一个新的、高一级的结构——功能体，这就是系统耦合[122]。随着系统研究的逐渐深入，一些学者开始将系统耦合的概念运用于自然或社会经济等方面的两个或两个以上具有因果关系的系统，当它们通过相互作用形成一个新的系统时，也称为"系统耦合"，形成的新系统则称为"耦合系统"。在系统耦合研究中，耦合度用来描述系统或系统内部要素之间相互作用、彼此影响的程度；耦合协调度用来度量系统或系统内部要素之间在发展过程中彼此和谐一致的程度，体现了系统由无序走向有序的趋势[123]。由此可见，前者反映的是系统或系统内部要素之间相互作用程度的强弱，没有好坏之分；而后者则强调的是系统或系统内部要素之间的良性互动关系，体现了彼此之间协调发展程度的高低。农户生计策略与土地利用行为作为人地系统的两个子系统，在发展过程中相互作用、彼此影响，因此，本书将引入耦合理论及相关度量方法来对二者之间的相互作用关系进行研究。

第三节　农户生计策略—土地利用行为作用模型

依据新行为主义者提出的新人类行为模式——S-O-R 以及斯金纳提出的强化理论，本书构建了农户生计策略—土地利用行为作用模型(图2-3)。

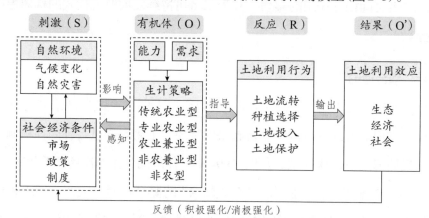

图2-3　农户生计策略—土地利用行为作用模型

该作用模型与 S-O-R 人类行为模式相同，也由刺激（S）、有机体（O）、反应（R）和结果（O'）等4部分组成，但其以农户为研究对象。其中，刺激部分包括气候变化和自然灾害等自然环境，以及市场、政策和制度等社会经济条件，它们无时无刻不在变化，并影响着处于动态环境下的有机体的发展；有机体在这里具体是指农户，他们在本能作用下对外界的环境变化或经济信号进行感知，然后根据自己的能力和需求，做出生计策略选择(本书将农户生计策略划分为传统农业型、专业农业型、农业兼业型、非农兼业型和非农型5种类型);农户作为农村土地经营的主体,其生计策略与土地利用有着密不可分的联系,一般来讲,农户会依据生计策略来指导其土地利用行为的发生,包括土地流转行为、种植选择行为、土地投入行为以及土地保护行为等;农户通过实施土地利用行为会对生态、经济和社会等产生一系列的影响,即土地利用行为的输出结果——土地利用效应,依据斯金纳强化理论,土地利用效应会作为积极强化物或消极强化物等某种刺激物对农户生计策略产生积极强化或消极强化等反馈作用,促使农户转变生计策略类型或保持不变。

总体来看,农户生计策略与土地利用行为的作用过程包括4个阶段,分别为信息感知阶段、策略形成阶段、行为反应阶段以及输出反馈阶段。本书将以上海市青浦区为例对该作用模型的各个阶段进行验证。

第四节 农户生计策略与土地利用行为可持续发展的概念模式

以人地关系理论以及可持续生计策略和农户可持续土地利用行为的概念为依据,结合本书研究目标,构建了农户生计策略与土地利用行为可持续发展的概念模式(见图2-4)。

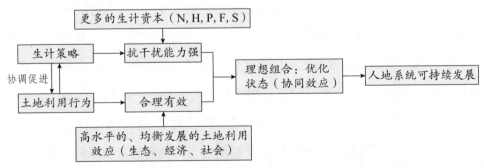

图2-4 农户生计策略与土地利用行为可持续发展的概念模式

依据人地关系理论,人们对人地系统的追求目标就是实现其可持续发展,以农户为研究对象,就是农户生计策略与土地利用行为能够形成一种彼此协调促进的关系，分别实现二者的可持续发展。依据可持续生计策略的概念，其可持续发展状态表现为在脆弱性背景下的抗干扰能力强，该能力的获得主要通过拥有更多的生计资本(包括自然资本 N、人力资本 H、物质资本 P、金融资本 F 和社会资本 S 等)来实现；依据农户可持续土地利用行为的概念，其可持续发展状态表现为土地利用合理有效，该目标主要通过高水平的、均衡发展的土地利用效应(生态、经济、社会)来实现。最后，二者在协同效应下形成一种理想组合，即优化状态，最终实现人地系统的可持续发展目标。这就是农户生计策略与土地利用行为可持续发展的概念模式，该模式从理论上阐明了二者在可持续发展状态下的作用关系、具体表现以及实现路径等。

基于农户生计策略与土地利用行为可持续发展的概念模式，本书提出了农户生计策略与土地利用行为可持续发展的概念，就是二者作为人地系统的两个子系统相互作用、相互影响，最终在协同效应下达到一种彼此协调促进的理想组合，即优化状态。在这种状态下，农户拥有更多的生计资本使得其采取的生计策略的抗干扰能力变强，高水平的、均衡发展的土地利用效应使得其土地利用行为更加合理有效。从协同学角度来讲，农户生计策略与土地利用行为作为人地系统的两个子系统，从最初的相互作用、相互影响到最后实现可持续发展的变化过程实质上就是系统从无序走向有序的发展过程。其中，无序是指客观事物或系统构成要素之间没有规则的联系、运动和转化，代表随机性和偶然性；有序则指客观事物或系统构成要素之间有规则的联系、运动和转化，代表合理性和前进性[124]。人类活动是连接人与环境的媒介。叶笃正等认为，有序的人类活动是指通过合理安排和组织，使自然环境能在长时期、大范围不发生明显退化，甚至能够持续好转，同时又能满足当时社会经济发展对自然资源和环境的需求的人类活动，是实现可持续发展这一战略目标的手段或措施[125]。由此可以看出，在可持续发展状态下，人与环境两个子系统之间是有规则的联系、运动和转化的，具有科学性和合理性。根据有序的概念，我们认为系统可持续发展的状态是有序的。复杂开放系统中子系统之间的协同作用是系统有序结构形成的内驱力，这种协同作用能使系统在临界点发生质变产生协同效应，使系统从无序变为有序，从混沌中产生某种稳定结构[126]。耦合协调度是度量系统或系统内部要素之间在发展过程中彼此和谐一致的程度，体现了系统由无序走向有序的趋势。可以看出，耦合协调度正是对协同作用的度量，本书将以此来表示农户生计策略和土地利用行为可持续发展的程度。

第三章 上海市青浦区农户生计策略研究

为分析快速城镇化背景下农户生计策略类型、特征及其变化规律，即农户生计策略—土地利用行为作用模型的信息感知和策略形成阶段，本章以西蒙有限理性管理人假设和DFID可持续生计框架为理论指导，剖析农户生计策略决策机制；结合课题组在青浦区实地调查的有关农户生计的调研数据，根据农户的谋生方式、经济收入来源结构和土地经营方式等，将农户生计策略类型进行划分，并对各自特征进行描述与分析；最后采用无序多分类逻辑回归模型探究基于生计资本的青浦区农户生计策略变化规律。

第一节 研究区概况与数据收集

一、区位概况

青浦区地处上海市西郊（120°53′~121°17′E，30°59′~31°16′N），太湖下游，黄浦江上游，土地面积共669.77 km²，占上海市总面积的1/10。该区东与虹桥综合交通枢纽毗邻，西连江苏省吴江、昆山两市，南与松江区、金山区及浙江省嘉善县接壤，北与嘉定区相接，为长江三角洲经济圈中心地带。该区地形东西两翼宽阔，中心区域狭长，境内地势平坦，平均海拔高度2.8 m~3.5 m。陆路交通十分便捷，有6条高速公路在境内通过：南北向有15国道（G15)沈海高速和1501国道（G1501)上海绕城高速；东西向有50国道（G50)沪渝高速、42

国道(G42)沪蓉高速、32省道(S32)申嘉湖高速和26省道(S26)沪常高速。

二、自然条件概况

1．地貌条件

青浦区北部是湖滨高田,以湖泊沉积母质为主;其南部是低洼柳田,以潮汐回流沉积母质为主;而中部是湖柳低田和高平田交错镶嵌存在,兼有其南和其北交互沉积的母质。而青东则由东而西逐渐倾斜,其东部是本区的碟缘高田,以较早的江海沉积母质为主,西部则是低洼荡田,以湖泊沉积母质为主,也有河湖交互母质的影响中部介于腹地荡田与碟缘高地之间,为碟坡平田,土壤母质以交互沉积为主。

2．气候条件

青浦区地处长江三角洲,属亚热带海洋性季风气候,常年主导风向为东南风,气候温和湿润,四季分明,日照充足,雨水充沛,无霜期长。全区年平均气温为16℃左右,年均降水量为1 300 mm~1 500 mm,最大降水量主要集中在每年的6月份,约占全年总降水量的1/5,年均日照时数为1 500 h左右,平均相对湿度为77%,年均无霜期326天。

3．水文条件

青浦区水域面积占全区总面积的22.1%,共有河道1 817条,长2 155 km;湖泊21个,总面积59.3 km²,共计水资源155.1亿 m³。该区为平原感潮水网地区,境内河港下受黄浦江潮汐影响,上承江、浙两省客水,最终入浦归海,属黄浦江水系。境内包括淀浦河和太浦河两条连接黄浦江的黄金水道,还有毛河泾、上达河、西大盈江、东大盈江、油墩港等多条六级以上航道,这些航道北连苏州河,南接淀浦河,与江、浙等省通航,可通500吨位船舶的航道有16条。全年平均水位为2.7 m左右。

三、社会经济概况

1. 人口与城镇化率

2015年，青浦区总人口为125.64万人，城镇化率为79.67%。该区自1980年以来，总人口数逐年增加，由42.39万人增长至2015年的125.64万人，年均增长23 124人；从增长速度分析，1998年以前该区总人口增长较慢，每增长10万人大约需要10年；1998年以后人口增长速度加快，每增长10万人约5年。同时，该区的城镇化率保持快速的增长趋势，1980年城镇化率为32.45%，到2015年城镇化率提升至79.67%；2002年该区城镇化率超过50%。根据美国地理学家诺瑟姆提出的城市化发展阶段的诺瑟姆曲线分析，城镇化加速阶段的城镇化率为30%~70%；由此得到青浦区1980—2015年处于城镇化加速阶段。此阶段的特征为农业劳动生产率极大提高，工业化规模不断扩大，城市可以提供较多的就业机会，农业经济退居次席，第一产业比重持续下降，第二、三产业相继上升，双方地位交替互换（见图3-1）。

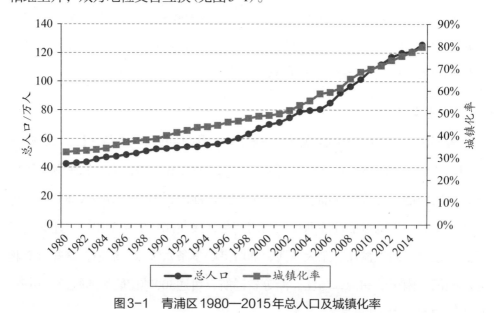

图3-1　青浦区1980—2015年总人口及城镇化率

2．产业与行业演变概况

1980年以来，上海市青浦区产业结构发生了较大的改变(图3-2)。从第一、二、三产业的比重来看，1980年三大产业比重为31.14∶53.18∶15.68。其中，第二产业是该区的支柱性产业，占国民经济的53.18%；农业是该区的较为重要的产业，占国民经济的31.14%；而第三产业在20世纪80年代的青浦区排名第三，占国民经济的15.68%。但是到2015年青浦区的产业结构发生较大的变化，三大产业的比重转变为1.14∶54.22∶44.64。其中，第二产业仍然是该区的支柱性产业，占国民经济的54.22%；第三产业成为该区次要的支柱性产业，占国民经济的44.64%；而农业在该区的占比仅为1.14%。

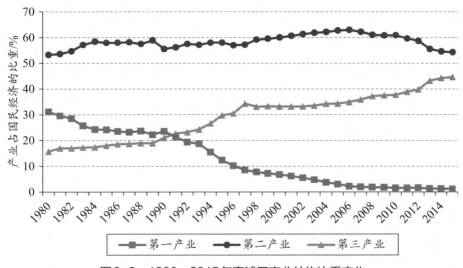

图3-2 1980—2015年青浦区产业结构比重变化

由此可以得到青浦区产业结构变化主要呈现以下规律：

（1）第二产业为青浦区的支柱性产业。虽然青浦区位于上海市的西郊且是上海市的水源涵养地和生态涵养区，但是该区的主导产业一直是工业和建筑行业。研究期内该区的第二产业虽有波动，但其均值为58.35%，居于三大产业之首。

（2）第三产业逐渐成为略逊于第二产业的次主导产业。从第三产业的变

化过程看，1980年该区第三产业的比重为15.68%，到2015年其比重增长至
44.64%，第三产业的增长速率为0.81。

（3）该区的产业调整表现出"退一保二进三"的态势。农业产业的比重由
1980年的31.14%减少至2015年的1.14%，二、三产业在国民经济中的比重
逐年提升。

为进一步分析青浦区36年间的产业结构变化的具体状况，本研究对该
区的国民经济行业变化进行分析。采用国民经济行业分类国家标准（GB/T
4754—2017)对该区的经济行业进行归并和整合。考虑到青浦区的行业类别和
经济统计数据的完整性和可获取性，将该区的第二和第三产业涉及的主要国民
经济行业分成制造业、批发和零售业、交通运输业、住宿和餐饮业、信息技术
服务业(广电和卫星传输服务、互联网及相关服务、软件及信息技术服务)、金
融业(货币金融该服务、资本市场服务、保险业和其他金融业)、商务服务业(租
赁业和商务服务业)和科研服务业(科研及试验发展、专业技术服务、科技推广
及应用服务) 8种类型。

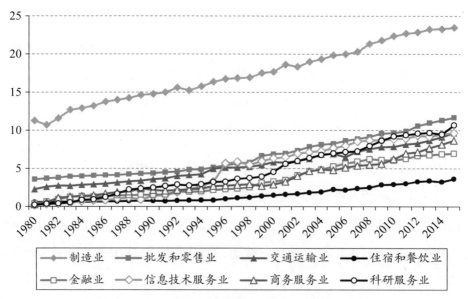

图3-3　1980—2015年青浦区国民经济行业比重变化

从上图3-3可看出：

（1）各行业的比重都逐年增加。制造业的比重由1980年的11.25%上升至2015年的23.47%；批发和零售业由3.57%上升至11.68%；交通运输业由2.27%上升至9.68%；住宿和餐饮业由0.57%上升至3.64%；信息技术服务业由0.18%上升至9.66%；金融业由0.39%增加至6.58%；商务服务业由0.24%上升至8.67%；科研服务业由0.22%上升至6.68%。

（2）国民经济各行业增长差异显著。研究期间青浦区增长速度最快的行业是制造业，增长幅度达到12.22%，其他行业排名依次为，信息技术服务业（9.48%）、商务服务业（8.43%）、批发和零售业（8.11%）、交通运输业（7.41%）、金融业（6.58%）、科研服务业（6.46%）和住宿和餐饮业（3.07%）。该区制造业以年均增长0.39的速度居于增长首位，且一直是该区的引领行业。

（3）新行业异军突起。在二、三产业中经过该区长期的产业选择，除传统的制造业、批发和零售业、交通运输业发展较快外，信息技术服务业、商务服务业和金融业等新型的行业在该区发展较快，如智能电网、高端装备、生物医药、新能源汽车和纳米新材料等。

3．空间规模演变概况

以往的研究多采用户籍人口或非农业人口规模作为城镇空间规模的依据，而该统计方法对于流动人口较多的区域出现统计口径偏小的缺陷；对于流动人口较少的区域相反统计口径偏大。因此，研究采用青浦区统计年鉴中的常住人口作为评判城镇空间规模大小的依据。结合青浦区1999年撤县设区的实际情况，研究将各乡镇的常住人口进行重新统计；为与之前章节的研究时段保持一致，研究节选了1980年、1995年、2007年和2015年4个时间节点的统计数据进行分析，结果图3-4。

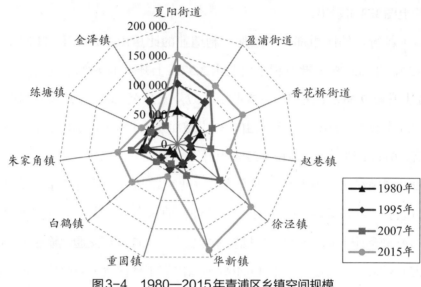

图3-4　1980—2015年青浦区乡镇空间规模

由图3-4可知：

（1）空间规模逐渐增长。该区11个乡镇、街道在研究期间规模都扩张较快，其中空间规模增长最快的是华新镇，该镇由1980年的34 587人增加至2015年的187 497人，36年间常住人口增加了5倍；其次为徐泾镇、夏阳街道和白鹤镇。

（2）时空差异显著。从4个时期各乡镇的常住人口分析，1980年空间规模较大的乡镇为金泽镇（59 772人）、朱家角镇（59 311人）、夏阳街道（57 241人）等，且该时期规模大的乡镇主要为处于该区西部的农业主导乡镇和该区的城关镇周边的区域。1995年空间规模较大的乡镇为夏阳街道（102 365人）、盈浦街道（84 229人）和金泽镇（85 813人），该时期空间规模较大的乡镇逐渐出现极化现象。2007年空间规模较大的乡镇为夏阳街道（128 293人）、盈浦街道（842 29人）和徐泾镇（93 567人），3个高值区都位于该区的中部和东部区域。2015年空间规模较大的乡镇为华新镇（187 479人）、夏阳街道（150 955人）和香花桥街道（119 346人），该时期空间规模高值区仍然分布在中部和东部区域，但在区域功能定位的转变下常住人口发生迁移，导致空间规模高值乡镇变化。

（3）空间规模大镇由传统农业功能区向商务服务区转变。1980—1995年，该区的空间规模较大的乡镇位于西部的农业3镇，练塘镇、金泽镇和朱家角镇；但是在上海市周边的优势的区位条件和承接都市产业功能转移的驱动下，青浦区的空间规模大的乡镇逐渐转向为东部商务区，农业区逐渐成为资源的析出区域。

4．交通与园区演变概况

交通线路对于空间结构具有强力的导向作用。青浦区地处江浙沪的交界处，地理位置重要。该区在原有318国道、外青松公路(嘉定外冈—青浦—松江)和苏虹公路(苏州—上海虹桥国际机场)3条重要的核心干道的基础上，近年来也改建了一些交通干道。例如，将318国道(上海—西藏拉萨)改建成快速干道，并逐渐成为该区的"经济走廊"。同时，该区也修建3条重要的高速干线：沪宁高速公路(上海—南京)、沪青平高速公路(上海—青浦—平望)和沪杭高速公路(上海—杭州)。该区主要干道形成了"八横七纵"的主要干道格局(总里程230km)。"八横"主要是：纪白公路—纪鹤公路、北青公路、崧泽高架路—崧泽大道、沪青平公路、沈砖公路、松蒸公路、太浦河北路、商周公路；"七纵"主要是：蟠龙路、嘉松公路、山周公路、外青松公路、朱枫公路、沈太公路、金商公路。

青浦区空间发展的演变主要以工业区的拓展和聚集为基础。自1995年青浦工业园成立至今，形成了"一园五区"的布局，即青浦工业园区(市级)及华新工业园区、徐泾工业园区、朱家角工业园区、白鹤工业园区和练塘工业园区；后经过园区合并和调整该区形成了"一园三区"的布局，即张江高新区青浦园、青浦工业园和出口加工区。

5．功能区划演变概况

青浦区经过多年的发展其空间职能区基本上形成了4个区，包括青浦新城片区、北片区、东片区、西南片区。其中"一城两翼"（青浦新城片区、东片区和西南片区）为重点片区。全力推动"一城两翼"发展战略的实施，基本形成构架合理、产城互动、均衡发展的区域统筹发展格局。通过淀山湖新城、环淀山湖地区以及西虹桥地区的开发建设，打造地区发展的动力引擎，进一步优化区域职能分工，形成东西联动、协调互动的总体发展格局。

"一城"——青浦新城片区。"一城"，是指青浦新城片区，是青浦的政治、经济、文化中心。作为上海市"十二五"期间重点建设的郊区新城之一，青浦新城应充分发挥地处沿沪宁和沪杭甬发展轴线关键节点的独特区位优势，进一步完善新城功能、提升产业能级，积极拓展青浦在西翼组合新城群中的职能分工，力争成为上海西翼空间发展的重要引擎。青浦新城建设应秉承"产城一体、水城融合"的城市发展理念，加快公共服务配套设施建设，构建生态宜居的湖滨新城，努力建设青浦"调结构、促转型"的示范点。

"两翼"——东片区和西南片区。东片区依托临近中心城区的地理区位优势，应积极接受上海中心城区的辐射，承接中心城区的人口导入和产业外溢，同时应把握住虹桥商务区建设的重要历史机遇期，大力拓展以商务、商贸为核心的现代服务业，带动徐泾镇、赵巷镇的城乡发展，构筑青东地区的发展新高地。"西翼"依托天然湖泊资源和金泽、练塘地区的历史人文资源，应进一步拓展以休闲旅游业、现代都市型生态农业、高端商务服务产业、生态居住产业为主导的地区功能，大力发展特色湖区经济，打造长三角区域乃至全国范围的知名湖区，提升"绿色青浦"的品牌知名度。同时，东西两翼应形成产业上互补、空间上互动、公共资源共享的联动发展态势。

北片区。北片区是上海西北部以现代农业、农产品加工和农业旅游为主导的片区；青浦区基本农田保护区的重要组成部分和具有良好人居环境和水乡特色风貌的生态型城镇片区。

四、数据收集

为了全面深入地开展案例区的研究工作，构建城镇化背景下上海市青浦区未来农村农户可持续生计模型和土地利用模式，在本书研究过程中收集的数据资料主要来源于实地调研数据。

青浦区农户生计策略和土地利用行为相关数据是在2016年4月和8月对该区农户进行的2次有关生计和土地利用状况的实地调研中获取的。根据抽样点具有代表性的原则，分别在青浦区东西两翼选取2个镇作为采样点：东翼代表为白鹤镇和重固镇，西翼代表为金泽镇和练塘镇，每镇随机选取3个村，共发放372份问卷。问卷内容主要包括农户家庭基本情况(家庭成员年龄、文化水平和就业情况)、家庭收入结构、DFID可持续生计框架中涉及的5种生计资本拥有状况(自然资本、人力资本、物质资本、金融资本和社会资本)、现有土地资产及其利用行为(面积、作物种植种类、流转行为、资本和劳动力投入行为以及土地管护行为)以及农户未来的生计意愿等。

在调查过程中采用参与式农村评估法(Participatory Rural Appraisal, PRA)。首先，与每个村的村主任或村支书等进行访谈，以便了解目前本村农户的整体情况，并依此确定农户生计策略类型及其比例；其次，依据农户生计类型比例，随机选取各类农户就有关生计策略和土地利用行为等内容进行面对面深入交流，每户农户大约需要1 h~2 h；最后，调研小组向当地农业技术中心有关专家进行了专业咨询，以保证数据的可靠性，共回收有效问卷363份，回收率为97.6%。

第二节　农户生计策略决策机制

传统经济学理论的逻辑基础是完全理性，并且大部分的经济模型均持理性假设，但是该基础并不能完全符合现实，已有大量预测模型的预测结果显示与现实存在系统性的偏差，表明人在阐述和处理复杂问题时，其所持的理性是有限的，并非完全理性。因此，随着行为科学的发展，经济人理性假定不断受到不同领域经济学家的批判与修正。其中，被广泛学者认可的就是西蒙提出的有限理性管理人理论。他认为决策者并非是完全理性的经济人，而是受到外在环境和内在条件限制的管理人。经济人寻求最优方案，管理人则追求满意方案，因此，他主张人们在决策时使用"满意化原则"而非最优化原则。依据西蒙有限理性管理人假设，农户作为处于不同政策环境下的个体，受外在复杂环境结构和自身不完备条件的限制，在生计策略决策过程中是作为有限理性管理人进行的。

受自然因素、经济因素和社会因素的影响，我国区域差异十分明显，各地的政策环境也各不相同。上海市位于我国长江三角洲，不仅是我国东部沿海地区最重要的经济贸易区域，而且是全国经济增长的"领头羊"和对外开放的"窗口"。以上海市青浦区为例，自20世纪80年代以来，城镇化速度明显加快，大量农户开始进城务工，在1985—2002年间，该区一度出现土地抛荒现象。为治理抛荒现象，在政府相关部门的带领下，2003年青浦区开始进行土地整治，各镇的农业中心分别负责管理33.33 hm² (1 hm²=10 000 m²) 土地。随着城镇化的快速发展，该区在2006年出台正式《青浦区农村土地承包经营权流转管理暂行办法》，农户成为主要承包人，全区土地开始大面积流转。与此同时，农户生计策略发生了重大转变，不再以传统农业生产作为唯一生计，而是开始向着非农化、兼业化和农业专业化方向发展，出现了分化现象。而农户在做出这些生计策略选择的时候是有限理性的，这是因为城镇化的快速发展和土地流转政策的实施会引发许多的不确定性，使得社会环境中的一切都处于动态变化中而无法准确预知其未来的发展结果，因此，农户在生计策略决策过程中会受到外界环境结构的复杂性和各种不确定性的影响。

农户在进行生计策略选择时除了受到外在环境的影响外，还受到自身条件的限制，这是因为：真实的人对外界信息的感知能力有限；对感知到的信息的记忆能力有限；对被记忆信息加工能力有限。因此，人们永远不可能具有完备的知识，完全理性的经济人是不存在的，最多只能无限接近现实而不能完全掌握现实。

关于人们追求的生计目标，在理性经济人假设中，古典经济学家亚当·斯密认为人们总是保有尽可能增大自身利益的愿望和行动，即追求自身利益或效率的最大化是驱动人的经济行为的根本动机。因此，本书假设在我国市场化条件下，作为农村农户，无论其采取何种生计策略，都是为了追求效率和效益以提高自身的生活水平。然而，依据现实分析，人们追求的效率和效益是有限的，是在各种约束条件下获得的满意方案，而非最优方案。这就验证了西蒙有限理性管理人的假设，该假设对于解释决策者行为更加具有科学性和合理性。

依据 DFID 可持续生计框架，为实现生计目标或追求积极的生计结果，农户在某种脆弱性背景、结构和制度转变的影响下，将自身所拥有的生计资本进行组合使用，从而形成各种各样的生计策略[128]。而生计策略主要表现为不同的生计活动组合，包括农业活动和非农活动[129]。因此，本质上就是农户将生计资本分配到两种活动中以满足相应的生产要求。在同一区域内，由于脆弱性背景、结构和制度转变等外部因素相同，因此，农户生计策略由自身拥有的生计资本决定。

通过以上分析，本书剖析了我国农户的生计策略决策机制(图3-5)：处于某一特定区域环境下的农户在做出生计策略选择时是作为有限理性管理人进行的，不仅受到外在环境的影响，而且受到自身不完备条件的限制，在我国市场化条件下，追求满意的效率和效益，将其所拥有的生计资本分配到农业活动和非农活动中，最终表现为各种各样的生计策略类型。当农户处于同一特定环境下时，其生计策略类型由其生计资本状况决定。

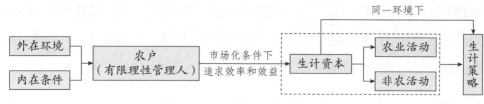

图3-5　农户生计策略决策机制

第三节　农户生计策略类型划分及其特征

一、农户生计策略类型划分

从已有研究来看，由于研究视角、目的和区域的不同，农户生计策略分类并没有一个统一的划分原则。因此，本书在总结已有生计策略分类的基础上[130,131]，首先根据谋生方式中是否有非农活动，将农业型农户筛选出来，然后将剩余农户的生计策略类型按照经济收入来源结构，即农业收入和非农收入的比例，将其划分为农业兼业型、非农兼业型和非农型。而在青浦区调查发现，该区自2006年起开始大力推行土地流转政策，并且为鼓励农户积极从事农业生产，上海市农业委员会、市财政局制定了种粮补贴政策：冬前深翻、秸秆还田和种植绿肥等均有资金补贴，农药、化肥和种子等有实物补贴，根据购置大型农业机械种类的不同也有一定比例的资金补贴。在土地流转和一系列惠农政策的引导下，青浦区土地开始大面积流转，促使一部分农业型农户开始从事土地规模化经营，土地面积多在20 hm²以上，需长期雇用劳动力，将该类农户的生计策略命名为专业农业型；其他农业型农户则主要依靠家庭内部劳动力从事农业生产，土地面积一般在10 hm²以下，将其生计策略命名为传统农业型。综上所述，本书将农户生计策略划分为传统农业型、专业农业型、农业兼业型、非农兼业型、非农型5种类型(见表3-1)。

表3-1　农户生计策略类型划分标准

农户生计策略类型	土地经营方式	谋生方式	主要收入来源及比重	调查户数	比例
传统农业型	自主经营	农业	农业收入 ≥ 90%	58	15.98%
专业农业型	雇用经营	农业	农业收入 ≥ 90%	9	2.48%
农业兼业型	—	农业（主）+ 非农	50% < 农业收入 < 90%	134	36.91%
非农兼业型	—	非农（主）+ 农业	50% < 非农收入 < 90%	87	23.97%
非农型	—	非农	非农收入 ≥ 90%	75	20.66%

注："—"表示不作规定。

从表3-1中可以看出，在被调查的农户样本中，农业兼业型农户的户数最多，其次，非农兼业型农户所占比例也较高，这与青浦区出台的土地流转规范性文件以及实施的一系列农业补贴政策密切相关，它们极大地提高了农民从事农业生产的积极性。由于实地调查范围仅限于农村常住人口，因此，一些已经将土地转出然后在城镇生活的农户未被纳入非农型农户中，表中所列非农型农户指的是常年居住在农村的、从事非农活动的家庭。青浦区人口与城镇化率的分析表明，在快速城镇化背景下，大量农村人口流入城镇，向非农化方向发展。据统计，2016年青浦区农村人口有341 231人，其中，农村居住人口为222 698人，占总人口数的65.26%，说明至少有34.74%的农村人口离开了农村，开始参与到非农活动中来。而由表3-1可知，选择留在农村的农户大部分依然与农业生产有着紧密的联系。其中，专业农业型农户是由于近年土地流转政策的实施而产生的新型农业生产主体。该类型农户土地面积一般在20 hm² 以上，集中连片的土地更适于机械化生产，从而产生规模效应，因此得到了农业相关部门的大力支持，包括多种形式的资金和实物补贴以及技术指导等。

二、不同生计策略类型农户特征

调查结果显示，不同生计策略类型的农户在家庭结构和对劳动力的分配等方面存在明显差异（见表3-2）。

表3-2　农户家庭结构与劳动力分配

农户生计策略类型	户主年龄	户主受教育程度	家庭人口总数	务农人数及比例	务工人数及比例	其他人数及比例
传统农业型	64.5	小学	1.9	1.6（84.2%）	0（0%）	0.3（15.8%）
专业农业型	50.1	高中	3.2	1.7（53.1%）	0.3（9.4%）	1.2（37.5%）
农业兼业型	59.3	小学	5.3	2.4（45.3%）	1.6（30.2%）	1.3（24.5%）
非农兼业型	57.2	初中	5.1	1.2（23.5%）	2.5（49.0%）	1.4（27.5%）
非农型	46.6	高中或中专	3.4	0（0%）	2.3（67.6%）	1.1（32.4%）

注：表中所列数据为每种生计策略类型农户的平均水平；"户主受教育程度"的平均水平为每种类型农户中超过60%的教育水平；"其他"是指小孩、学生以及年老无劳动能力者。

采取传统农业型生计策略的农户一般为上了年纪的老人，与子女分开居住，户主平均年龄最大，为64.5岁，文化水平大多为小学程度，家庭人口数最少。该类型农户以农业生产作为家庭的主要收入来源，土地面积一般在10 hm²以下。青浦区作为水源保护地，在政府相关部门的政策指导下，该区本地农户主要种植水稻、小麦等粮食作物及绿肥作物。

采取专业农业型生计策略的农户户主的文化水平普遍较高，多为高中水平，从务农和务工比例中可以看出，该类型农户的家庭成员主要从事规模化农业生产，主要种植水稻、小麦以及绿肥等，土地经营规模一般在20 hm²以上，最高可达133 hm²，需长期雇用劳动力。

采取兼业型生计策略的农户多为三代或四代同堂，家庭人口数较多，整体劳动能力强。其中，家庭成员以务农为主的农户称为农业兼业型，该类型农户以农业生产作为主要收入来源，作物种植种类与前两类农户类似，该类型农户户主文化水平不高，多为小学程度；相反，家庭成员以务工为主的农户则为非农兼业型，该类型农户户主的文化水平比农业兼业型要稍高，其土地规模较小，平均 0.1 hm²~0.2 hm²，多种植蔬菜或绿肥等，粮食作物种植较少。

非农型农户户主年龄最小，其家庭结构与专业农业型农户相似，不同点主要表现在劳动力分配方面，该类型农户没有土地，其劳动力(除去老人、小孩、学生等)全部参与非农活动，以非农收入作为家庭的收入来源。

第四节　基于生计资本的农户生计策略变化规律

农户作为农村最主要的经济活动主体，也是农村最基本的决策单元，其生计策略反映了农户在特定环境下基于特定生计目标做出的响应，会直接影响到农户自身和区域经济发展、生态环境安全与自然资源的利用状况。

对于农户生计的研究，国外众多研究机构和非政府组织提出了一些生计分析框架，主要有英国国际发展署、联合国开发计划署和国际关怀组织分别提出的生计框架。其中，目前应用最为广泛的是英国国际发展署(Department For International Development，DFID)提出的可持续生计框架。国内外许多学者运用这一框架对生计进行了多方面研究，如可持续生计、生计多样化、生计与土地利用、生计与生态环境、生计与减小贫困、生计安全、生计脆弱性、生计资本与生计策略的关系等[133]。

在生计资本与生计策略关系方面，依据 DFID 可持续生计框架，生计资本是该框架的核心，是农户拥有的选择机会、采用的生计策略和抵御生计风险的基础，也是获得积极生计成果的必要条件。在同一区域内，由于脆弱性背景、结构和制度转变等外部因素相同，因此，农户生计策略由自身拥有的生计资本状况决定。鉴于该理论支撑，国内学者开始广泛关注二者之间的关系，研究区多位于农牧交错地带或是欠发达的生态脆弱区，而关于中国城镇化背景下发达地区农户生计变化的研究相对较少。在研究内容和方法上，已有研究一般将农户生计策略分为以农为主和非农为主2种类型，然后运用二分类逻辑回归模型定量化探讨5类生计资本（金融资本、人力资本、物质资本、社会资本和自然资本）对生计策略的影响，生计策略分类比较宽泛，并且很少将每项资本细化来研究，研究方法主要运用二分类逻辑回归模型。因此，本书在已有研究的基础上，以青浦区为例，以DFID可持续生计框架为理论基础，将5类生计资本作为研究核心，将其细化为13个具体指标（包括户均拥有耕地面积、户均实际耕种面积、家庭整体劳动能力等），根据样本区实地调研结果将农户生计策略类型具体划分为5类（传统农业型、专业农业型、农业兼业型、非农兼业型和非农型），通过建立生计资本量化指标体系明晰不同生计策略类型农户的资本分化特征，其中，生计资本量化指标权重采用层次分析法和熵权法相结合的方法进行赋值，并对农户生计资本与生计策略之间的关系运用多分类逻辑回归模型进行定量化模拟，得出基于生计资本的青浦区农户生计策略变化规律。

一、研究方法

1. 农户生计资本量化指标体系的建立

在DFID可持续生计框架的指导下，根据李小云等设计的适合中国农户生计资本量化的指标体系，结合青浦区自然条件、经济发展水平和农户自身特点等实际情况，本书设定了一系列生计资本量化指标。自然资本以户均拥有耕地面积和户均实际耕种面积2个指标来衡量，前者指最初每个农户家庭拥有的口粮地数量，后者指流转后每户的实际耕种面积，这2个指标可以显示出土地的流向和家庭生计特征。人力资本主要从家庭整体劳动能力、户主受教育程度和户主年龄3个方面来考察。物质资本包括住房情况、生产性工具数量和耐用消费品数量3项内容。金融资本以农户的户均家庭年收入、获取的补贴机会和信贷机会3个方面来衡量。社会资本包括农户家中有无干部和参加社区组织2个方面的情况（见表3-3）。

表3-3 生计资本量化指标体系

准则层	指标层	符号	赋值或计算公式	指标属性
自然资本（N）	户均拥有耕地面积	N1	N1=土地未发生流转时户均拥有耕地面积（hm²）	+
	户均实际耕种面积	N2	N2=2016年户均实际耕种面积（hm²）	+
人力资本（H）	家庭整体劳动能力	H1①	H1=H11×0+H12×0.3+H13×0.5+H14×1+H15×0.5	+
	户主受教育程度	H2	文盲为0；小学为0.2；初中为0.4；高中或中专为0.6；大学及以上为1	+
	户主年龄	H3	H3=户主年龄（岁）	−
物质资本（P）	住房情况	P1②	P1=（P11+P12）/2	+
	生产性工具数量	P2	P3=家庭拥有的生产性工具数量	+
	耐用消费品数量	P3	P4=家庭拥有的耐用消费品数量	+
金融资本（F）	户均家庭年收入	F1	F1=家庭年现金收入（万元）	+
	补贴机会	F2	设定二分变量，拥有赋值为1，否则赋值为0	+
	信贷机会	F3	设定二分变量，拥有赋值为1，否则赋值为0	+
社会资本（S）	家中有无干部	S1	设定二分变量，拥有赋值为1，否则赋值为0	+
	参加社区组织	S2	家庭成员参加1个组织为0.5，2个及以上为1，未参加为0	+

注：①H11为无劳动能力者和10岁以下的孩子；H12为11—14岁的孩子；H13为15—17岁的孩子；H14为18—60岁的成年人；H15为60岁以上的老人。其中，18岁以上在外上大学学生为0.3。②P11代表住房类型：土木房为0.35，砖瓦房为0.65，楼房为1；P12代表房间数量：1间为0，2间为0.25，3间为0.5，4间为0.75，5间及以上为1。

2．生计资本量化

（1）生计资本指标标准化。为消除量纲不同对量化结果的影响，本书采用极差标准化法对原始数据进行标准化处理。对于正向指标，计算公式为：

$$r_{ij} = \frac{x_{ij} - x_{i\min}}{x_{i\max} - x_{i\min}} \tag{3-1}$$

对于逆向指标，计算公式为：

$$r_{ij} = \frac{x_{i\max} - x_{ij}}{x_{i\max} - x_{i\min}} \tag{3-2}$$

式中，x_{ij} 和 r_{ij} 分别为第 j 个量化对象第 i 项指标的原始数值和标准化后的数值，$x_{i\min}$ 和 $x_{i\max}$ 分别为第 i 项指标的最小值和最大值。

（2）生计资本指标权重确定。国内对于生计资本指标的赋权大多采用主观或客观的单一方法。本书采用主客观相结合的方法来计算得到生计资本指标权重。首先应用层次分析法和熵权法分别计算指标权重，然后再运用乘法归一化公式计算各指标的组合权重：

$$w_i = \frac{w_{i1}w_{i2}}{\sum_{i=1}^{m} w_{i1}w_{i2}} \tag{3-3}$$

式中，w_{i1} 和 w_{i2} 分别为运用层次分析法和熵权法计算得到的第 i 项指标的权重值，m 为指标个数。

通过以上步骤可以得到指标层对目标层的组合权重值，准则层对目标层的权重则由指标层权重相加得到（表3-4）。

表3-4　生计资本量化指标权重

准则层		指标层			
指标	权重	指标	AHP 法权重	熵权法权重	组合权重
自然资本	0.141 5	户均拥有耕地面积	0.026 2	0.025 0	0.011 3
		户均实际耕种面积	0.078 7	0.096 1	0.130 2
人力资本	0.095 6	家庭整体劳动能力	0.095 1	0.019 1	0.031 3
		户主受教育程度	0.052 4	0.059 8	0.053 9
		户主年龄	0.028 8	0.021 0	0.010 4
物质资本	0.174 2	住房情况	0.149 5	0.026 2	0.067 4
		生产性工具数量	0.039 5	0.059 5	0.040 5
		耐用消费品数量	0.094 2	0.040 9	0.066 3

准则层		指标层			
指标	权重	指标	AHP 法权重	熵权法权重	组合权重
金融资本	0.455 6	户均家庭年收入	0.218 7	0.034 6	0.130 2
		补贴机会	0.116 2	0.054 0	0.108 0
		信贷机会	0.041 2	0.306 6	0.217 4
社会资本	0.132 3	家中有无干部	0.029 9	0.115 6	0.059 5
		参加社区组织	0.029 9	0.141 4	0.072 8

（3）生计资本核算。在各项指标标准化和权重确定的基础上，运用综合指标法计算各项生计资本的数值（A_n），计算方法为：

$$A_n = \sum_{i=1}^{m_n} r_{ij} w_i \tag{3-4}$$

式中，A_n 代表某项生计资本的数值，n=1，2，3，4，5；m_n 为某项生计资本分指标的项数。

生计资本总值（A）的计算方法为：

$$A = \sum_{n=1}^{5} A_n \tag{3-5}$$

3. 多分类逻辑回归模型建立

多分类逻辑回归模型（Multinomial Logistic Regression）适用于分析因变量是分类变量、且水平数大于2的情况，根据因变量水平是否有序又分为有序多分类和无序多分类逻辑回归。生计策略类型为无序多分类因变量，在定量模拟生计资本对生计策略的影响时采用无序多分类逻辑回归模型。

对于无序多分类逻辑回归模型，首先会定义因变量中的1个水平作为参照水平，其他水平均与其相比，对 k 个自变量建立 n-1 个 Logit 模型（n 为因变量水平数）。

$$Logit(y) = \ln\frac{p(y=i)}{p(y=n)} = \alpha_i + \sum_{k=1}^{k}\beta_{ik}x_k \qquad (3\text{-}6)$$

式中，$i=1, 2, 3, \cdots, n$，表示 n 个因变量的 n 个不同水平；$p(y=i)/p(y=n)$ 为 y 取值为 i 与 n 的概率之比，称为发生比；α_i 为各回归方程的常数项；β_{ik} 为各自变量的回归系数，表示在其他自变量不变的条件下，x_k 每改变 1 个单位，发生比的自然对数值改变量。

在模拟农户生计资本与生计策略的定量关系时，以传统农业型农户为参照水平建立回归模型。因变量共 5 个水平：传统农业型、专业农业型、农业兼业型、非农兼业型和非农型，为无序名义变量，分别赋值为 1、2、3、4、5。自变量为生计资本量化指标体系中的 13 个生计资本指标。由于自变量间可能会存在多重共线的情况，导致模型拟合不准确，因此需进行自变量的筛选，步骤为单因素方差分析、相关性分析、线性回归模型共线性诊断。

二、结果分析

1. 不同生计策略类型农户生计资本量化与分化特征分析

根据以上研究方法计算得出农户生计资本单项值和总值，分别对每种生计策略类型农户生计资本取均值作为该类型的代表数值。结果显示，不同生计策略类型的农户在单项生计资本和总值方面存在不同的分化特征(见表3-5)。

表3-5　不同生计策略类型农户生计资本量化结果

生计资本	指标	生计策略类型				
		传统农业型	专业农业型	农业兼业型	非农兼业型	非农型
自然资本	户均拥有耕地面积	0.006 1	0.004 7	0.005 5	0.005 3	0.005 6
	户均实际耕种面积	0.011 0	0.095 5	0.039 2	0.001 9	0.000 5
	单项资本	0.017 1	0.100 2	0.044 7	0.007 2	0.006 1

生计资本	指标	生计策略类型				
		传统农业型	专业农业型	农业兼业型	非农兼业型	非农型
人力资本	家庭整体劳动能力	0.004 5	0.012 1	0.020 1	0.021 4	0.015 2
	户主受教育程度	0.015 8	0.031 0	0.014 3	0.039 2	0.043 2
	户主年龄	0.002 3	0.005 3	0.004 1	0.004 3	0.008 9
	单项资本	0.022 7	0.048 3	0.038 5	0.064 9	0.067 3
物质资本	住房情况	0.051 6	0.057 4	0.062 8	0.063 5	0.053 5
	生产性工具数量	0.010 0	0.029 0	0.009 2	0.004 7	0.004 5
	耐用消费品数量	0.015 7	0.041 2	0.019 3	0.029 1	0.031 1
	单项资本	0.077 2	0.127 6	0.091 2	0.097 3	0.089 1
金融资本	户均家庭年收入	0.034 6	0.067 2	0.042 2	0.060 8	0.054 4
	补贴机会	0.073 9	0.089 6	0.076 2	0.069 6	0.043 8
	信贷机会	0.013 0	0.012 4	0.013 3	0.012 9	0.012 6
	单项资本	0.121 4	0.169 4	0.131 7	0.143 3	0.110 8
社会资本	家中有无干部	0.015 5	0.010 1	0.012 8	0.052 6	0.050 3
	参加社区组织	0.015 1	0.014 1	0.014 5	0.015 5	0.015 9
	单项资本	0.030 6	0.024 3	0.027 4	0.068 1	0.066 2
资本总值	—	0.269 1	0.469 8	0.333 5	0.380 7	0.339 5

自然资本方面，不同生计策略类型农户大小顺序为专业农业型、农业兼业型、传统农业型、非农兼业型和非农型。主要原因是土地未流转时，农户家庭拥有的口粮地一般不超过0.3 hm²，生计策略未发生分化，因此该指标在农户之间差异不大；青浦区2006年开始实施土地流转政策，耕地面积在农户之间出现分异现象，大小顺序与自然资本总值相同，专业农业型农户最高，其土地经营规模一般在20 hm²以上，农业兼业型农户耕地面积在10 hm²~20 hm²，传统农业型农户耕地面积多在10 hm²以下，非农兼业型农户从事农业生产多

为满足家庭需要，耕地面积较小，平均 0.1 hm²~0.2 hm²，非农型农户基本无地，主要向非农化方向发展。可以看出，自然资本大小与农户实际耕种面积成正比。

人力资本方面，不同生计策略类型农户大小顺序为非农型、非农兼业型、专业农业型、农业兼业型和传统农业型。主要原因是非农型农户在户主受教育程度和户主年龄方面具有显著优势，这与其从事的非农活动相匹配；农业兼业型和非农兼业型农户在家庭整体劳动能力方面具有优势，这 2 种类型农户一般为老人从事农业活动，子女从事非农活动，人口较多，故整体劳动能力较强；非农兼业型农户主要从事非农活动，专业农业型农户从事大规模农业生产需要较高的技术水平支持，故二者户主受教育程度较高；传统农业型农户受劳动力年龄、数量等的限制，3 项指标均最低。

物质资本方面，不同生计策略类型农户大小顺序为专业农业型、非农兼业型、农业兼业型、非农型和传统农业型。主要原因是样本区农户住房为统一标准的 2 层楼房，故不同生计策略类型农户之间没有较大差异；专业农业型农户农业机械化程度高，故生产性工具数量较多；耐用消费品方面专业农业型和非农型农户较高，兼业型农户中等，传统农业型农户最低，这与其追求的生活品质相关。

金融资本方面，不同生计策略类型农户大小顺序为专业农业型、非农兼业型、农业兼业型、传统农业型和非农型。主要原因是在户均家庭年收入方面，专业农业型农户从事耕地规模化经营，经济效应最高，其次是非农兼业型农户，该类型农户以非农收入为主，且有农业收入作为补充，再次为非农型和农业兼业型农户，传统农业型农户最低；除了非农型农户，其他生计策略类型的农户由于种植水稻、绿肥或冬前深翻等获得农业补贴的户数比例较高，而非农型农户拥有补贴机会的户数比例较低，故该项指标值最低；上海市经济发达，各生计策略类型农户在信贷机会方面无明显差异。

社会资本方面，不同生计策略类型农户大小顺序为非农兼业型、非农型、传统农业型、农业兼业型和专业农业型。主要原因是非农兼业型和非农型农户在家中有无干部具有显著优势，远远超过其他生计策略类型农户，原因是这2类农户均以非农活动为主，家中拥有干部的户数比例较高；5种生计策略类型农户在参加社区组织方面无显著差异。

综合以上分析，在生计资本总值方面，不同生计策略类型农户大小顺序为专业农业型、非农兼业型、非农型、农业兼业型和传统农业型。其中，专业农业型农户在自然资本、物质资本和金融资本等方面具有显著优势，可以看出，上海市青浦区实施的土地流转和农业补贴政策，使土地规模化经营的农户生计水平得到了提高；非农型农户在人力资本方面最高；非农兼业型农户在社会资本方面最多。

2．基于生计资本的农户生计策略变化规律

通过自变量筛选过程，确定家庭整体劳动能力、户主受教育程度、生产性工具数量、耐用消费品数量、户均家庭年收入、补贴机会和家中有无干部等7项生计资本指标作为自变量进入回归模型。应用多分类逻辑回归模型模拟农户生计资本与生计策略的定量关系，得出基于生计资本的青浦区农户生计策略变化规律（见表3-6）。模型似然比检验显示 $P < 0.001$，说明至少有1个自变量的偏回归系数不为0，该模型拟合是有效的、有意义的。

由表3-6可知，相对于传统农业型生计策略，户主受教育程度越高，生产性工具数量、耐用消费品数量和户均家庭年收入越多，农户越倾向选择专业农业型生计策略。其中，生产性工具数量和户均家庭年收入影响最为显著：当其他自变量不变时，生产性工具数量每增加1个单位，农户选择专业农业型生计策略与传统农业型生计策略的发生比将扩大73.995倍；户均家庭年收入每增加1个单位，发生比将扩大4.187倍。这验证了表3-5中不同生计类型农户在户主受教育程度、生产性工具数量、耐用消费品数量和户均家庭年收入等方面的量化结果：与传统农业型农户相比，拥有较高的文化水平可以对农业生产进行科学管理，大量的生产性工具为规模经营提供了设备基础，充裕的收入为购置农业机械、化肥、种子、农药和雇用劳动力等提供了资金保障，耐用消费品数量越多，说明农户以追求更高的生活品质为目标，因此更倾向选择专业农业型生计策略。

表3-6　农户生计资本与生计策略的多分类逻辑回归结果

生计资本指标	专业农业型		农业兼业型		非农兼业型		非农型	
	B	EXP(B)	B	EXP(B)	B	EXP(B)	B	EXP(B)
截距	−62.006**	—	−23.467*	—	−15.891	—	-9.629	—
家庭整体劳动能力	2.976	—	8.312**	4 072.450	9.426**	12 406.800	3.277	—
户主受教育程度	5.545*	255.955	−1.273	—	5.238*	188.293	6.754**	857.482
生产性工具数量	4.304**	73.995	−0.880	—	−2.303*	0.100	−3.261**	0.038
耐用消费品数量	3.764*	43.121	1.562	—	1.731	—	2.421	—
户均家庭年收入	1.432**	4.187	0.876*	2.401	1.206**	3.340	0.997**	2.710
补贴机会	5.651	—	0.937	—	−1.209	—	−6.332*	0.002
家中有无干部	−1.297	—	−0.950	—	4.105**	60.643	3.283*	26.656

注：以传统农业型农户为参考类别；*、**分别表示在5%和1%的统计水平上显著。

家庭整体劳动能力越高，户均家庭年收入越多，农户越倾向选择农业兼业型生计策略。其中，家庭整体劳动能力影响最为显著：当其他自变量不变时，家庭整体劳动能力每增加1个单位，农户选择农业兼业型生计策略与传统农业型生计策略的发生比将扩大4 072.450倍。这验证了表3-5中不同生计类型农户在家庭整体劳动能力和户均家庭年收入等方面的量化结果：家庭整体劳动能力高的农户家庭多为三代或四代同堂，家庭人口较多，老人从事农业活动，子女从事非农活动，与传统农业型农户相比，因为有非农收入作为补充，所以收入较高，故采取兼业化的生计策略，以农业收入为主的则为农业兼业型生计策略。

家庭整体劳动能力和户主受教育程度越高，户均家庭年收入和家中拥有的干部人数越多，生产性工具数量越少，农户越倾向选择非农兼业型生计策略。其中，家庭整体劳动能力、户均家庭年收入和家中有无干部影响最为显著：当其他自变量不变时，家庭整体劳动能力每增加1个单位，农户选择非农兼业型生计策略与传统农业型生计策略的发生比将扩大12 406.800倍；户均家庭年收入每增加1个单位，发生比将扩大3.340倍；家中有无干部每增加1个单位，发生比将扩大60.643倍。这验证了表3-5中不同生计类型农户在家庭整体劳动能力、户主受教育程度、户均家庭年收入、家中有无干部和生产性工具数量等方面的量化结果：整体劳动能力高的家庭往往采取兼业化生计策略，户主受教育程度越高，家中拥有的干部人数越多，整个家庭越倾向非农化方向发展，这些都为从事非农活动奠定了良好的基础，与传统农业型生计策略相比，非农为主农业为辅的生计活动组合使得农户收入较高，促使农户更倾向采取非农兼业型生计策略。

户主受教育程度越高，户均家庭年收入和家中拥有的干部人数越多，补贴机会和生产性工具数量越少，农户越倾向选择非农型生计策略。其中，户主受教育程度、生产性工具数量和户均家庭年收入影响最为显著：当其他自变量不变时，户主受教育程度每增加1个单位，农户选择非农型生计策略与传统农业型生计策略的发生比将扩大857.482倍；生产性工具数量每增加1个单位，发生比将缩小0.038倍；户均家庭年收入每增加1个单位，发生比将扩大2.710倍。这验证了表3-5中不同生计类型农户在户主受教育程度、户均家庭年收入、家中有无干部、补贴机会和生产性工具数量等方面的量化结果：与非农兼业型农户类似，户主受教育程度越高，家中拥有的干部人数越多，越倾向于非农发展，较高的非农收入促使农户采取非农型生计策略而放弃农业生产，因此，与传统农业型生计策略相比，生产性工具数量和拥有的补贴机会很少。

第五节　小　结

在中国快速城镇化背景下，随着土地流转政策的实施，农户不再以传统农业生产作为唯一生计，开始向非农化、兼业化和农业专业化等方向发展。为了深入了解当前我国农户的生计状况，本章以青浦区为例，主要围绕以下3个问题展开探究：农户在我国当前城镇化背景下是如何做出生计策略选择的？不同生计策略的生计特征是怎样的？变化规律如何？得到以下结果。

（1）以西蒙有限理性管理人假设和DFID可持续生计框架为指导，剖析了我国农户生计策略决策机制。研究发现处于某一特定区域环境下的农户在做出生计策略选择时是作为有限理性管理人进行的，不仅受到外在环境的影响，而且受到自身不完备条件的限制，在我国市场化条件下，追求满意的效率和效应，将其所拥有的生计资本分配到农业活动和非农活动中，最终表现为各种各样的生计策略类型。当农户处于同一特定环境下时，其生计策略类型由其生计资本状况决定。

（2）在中国快速城镇化背景下，上海市青浦区自2006年起大力推行土地流转政策并实施了一系列惠农政策，促进了农户土地规模化经营模式的演进，促使当地农户的生计策略发生了分化现象，主要包括传统农业型、专业农业型、农业兼业型、非农兼业型和非农型5种生计策略类型。不同生计策略类型农户在家庭结构和劳动力分配上存在明显差异。

（3）通过构建适合青浦区的农户生计资本量化指标体系，对不同生计策略类型农户的生计资本分化特征进行了分析。结果表明不同生计策略类型农户的生计资本存在差异，大小顺序依次为专业农业型、非农兼业型、非农型、农业兼业型和传统农业型。其中，专业农业型农户在自然资本、物质资本和金融资本等方面均具有显著优势；非农型农户在人力资本方面具有优势；非农兼业型农户在社会资本方面表现最佳。

（4）在农户生计资本量化的基础上，运用多分类逻辑回归模型对农户生计资本和生计策略之间的关系进行了定量化探究，得出了基于生计资本的青浦区农户生计策略变化规律。家庭整体劳动能力、户主受教育程度、生产性工具数量、耐用消费品数量、户均家庭年收入、补贴机会和家中有无干部7个变量是影响农户生计策略变化的主要因素。以传统农业型农户为参照，在其他自变量不变的条件下，生产性工具数量和户均家庭年收入对于农户选择专业农业型生计策略有显著促进作用；家庭整体劳动能力对于选择农业兼业型生计策略起到显著促进作用；家庭整体劳动能力、户均家庭年收入和家中有无干部对选择非农兼业型生计策略有显著促进作用；户主受教育程度和户均家庭年收入对选择非农型生计策略有显著促进作用。其中，户均家庭年收入对于农户的生计策略选择具有重要影响作用，它作为金融资本可以与其他类型的生计资本进行转化。

根据以上结果，应当指出的是政府及相关部门应给予适当的农业技术支持，培养新型职业化农民，如对农户开展农业相关方面的培训或进行实地技术指导等；也应考虑通过一些政策鼓励乡镇企业的成立或招商引资，实现农民家门口就业，解决年轻人由于外出就业无暇照顾老人的后顾之忧，由此一来，家庭整体劳动能力上升，促使传统农业型家庭向农业兼业型或非农兼业型转变，实现了生计的多样化，增加了家庭收入；农民的受教育程度是限制农户非农发展的一个重要因素，政府应在教育方面加大投资力度，鼓励农民参加成人教育，提高文化水平，为农民就业提供知识保障，促进农民生计可持续。

第四章　上海市青浦区不同生计策略类型
农户土地利用行为研究

农户作为农村最基本的经济活动主体和决策单元，也是土地经营的主体，其生计策略改变与土地利用有着紧密的关系。因此，本章旨在从土地流转行为、种植选择行为、土地投入行为和土地保护行为四个方面着手，探究不同生计类型农户的土地利用行为差异，即农户生计策略—土地利用行为作用模型的行为反应阶段。其中，重点剖析了不同类型农户的土地流转行为和土地投入行为。

第一节　土地流转行为及其分异机理

1985年以来，随着中国城镇化进程的快速推进，上海市青浦区的大量农户开始进城务工，从而导致到2003年为止一度出现土地抛荒现象。为治理抛荒现象，该区于2004年开始进行土地整治工作，具体方案是各镇的农业中心分别负责管理500亩土地。2006年，青浦区政府、农业委员会顺应经济社会的发展要求，及时把握农业生产的发展趋势，出台了《上海市青浦区农村土地承包经营权流转管理暂行办法》(青府发〔2006〕20号)，农户成为主要承包人，全区土地开始大面积流转。截至2009年11月底，全区农用地流转面积达182 772亩，占农村集体农用地面积的61.99%。但是到2011年，全区农用地流转规模稍有下降，为160 271亩，占农村集体农用地面积的50.76%。主要原因是最初的土地流转合同流转期限过长，流转价格未考虑通货膨胀等因素，导致土地流转价格偏低，明显损害了农户的土地收益。因此，一些农户提出了终止流转的要求。在2013年1月，为进一步加强本区农村土地承包经营权流转管理工作，切实解决当前土地流转中存在的突出问题，促进土地依法、规范、有序流转，青浦区农业委员会和政府联合发布了《关于进一步规范农村土地承包经营权流转的若干意见》(青府办发〔2013〕2号)，并将2006年发布的《上海市青浦区农村土地承包经营权流转管理暂行办法》废止。截至2013年9月底，全区农用地流转面积高达24万亩，占农村集体农用地面积的71.22%。由此可以看出，随着土地流转流程的日趋规范，青浦区土地流转现象愈加活跃，土地的流入与流出导致农户生计策略发生了分化现象。

因此，本书将主要探讨不同生计类型农户的土地流转行为差异及其分异机理，研究过程主要包括以下两个阶段：一是运用数理统计方法对该区样本农户的土地流转行为进行分析，并运用单因素方差分析法得出不同生计类型农户在土地转入面积和转出面积等方面是否存在差异；二是构建农户土地流转影响因素指标体系，应用Pearson相关系数分析法得出农户土地流转面积大小的分异机理。

一、农户土地流转行为及差异分析

1．农户土地流转行为调查

通过2016年4月和8月对青浦区农户土地流转情况的2次实地调查，运用数理统计方法得到该区采取不同生计策略类型的363户农户在2006—2016年间土地转入、转出户数和流转面积，以及未发生流转的农户户数(见表4-1)。

表4-1 青浦区农户土地流转情况统计表(2006—2016)

农户生计策略类型	总户数	转入土地			转出土地			未流转土地	
		户数	比例	流转面积	户数	比例	流转面积	户数	比例
传统农业型	58	50	86.21%	4.68	11	18.97%	0.29	0	0%
专业农业型	9	9	100%	42.34	2	22.22%	0.25	0	0%
农业兼业型	134	120	89.55%	9.57	24	17.91%	0.28	0	0%
非农兼业型	87	4	4.60%	0.04	68	78.16%	0.24	15	17.24%
非农型	75	0	0%	0	75	100%	0.25	0	0%
总计	363	183	—	—	180	—	—	15	—

注：表中"流转面积"为每种生计策略类型农户流转土地的平均面积，单位为 hm^2。

表4-1显示，在转入土地方面，青浦区样本农户中的9户专业农业型农户均转入了土地，平均转入面积为42.34 hm^2。传统农业型和农业兼业型农户转入土地的户数比例均为80%以上，但平均转入土地面积存在差异，农业兼业型农户平均转入土地面积约为传统农业型农户的2倍，但均低于专业农业型农户。非农兼业型农户转入土地的户数比例及面积较小，非农型农户将土地全部流出，不存在转入土地的现象。在转出土地方面，传统农业型、专业农业型和农业兼业型农户转出户数较少，为各类型农户总户数的20%左右，并且转出面积不大。非农兼业型和非农型农户转出土地的户数较多，其中，非农型农户达到100%。在未流转土地方面，仅有17.24%的非农兼业型农户未发生流转现象。以上分析表明，传统农业型、专业农业型和农业兼业型农户是主要的土地需求者，而非农兼业型和非农型农户则是主要的土地供给者。

样本农户中发生土地转入的户数为183户，发生土地转出的为180户，说明在研究期间青浦区土地流转现象较为活跃，几乎全部农户参与到流转活动中来，并且转入和转出比较均衡。

2．农户土地流转行为差异分析

根据表4-1，不同生计策略类型农户的土地流转行为差异主要体现在土地的转入面积和转出面积两个方面。单因素方差分析法是用来研究单个控制变量的不同水平是否对观测变量产生了显著影响的统计方法。因此，可运用该方法来分别判断这两个方面是否在不同生计策略类型农户之间存在差异。

单因素方差分析模型一般为：

$$Y_{ij} = u + \alpha_i + \varepsilon_{ij} \tag{4-1}$$

式中，Y_{ij} 表示第 i 种生计类型中第 j 位农户转入或转出的土地面积，$i=1,2,3,4,5$，分别表示传统农业型、专业农业型、农业兼业型、非农兼业型和非农型5种生计策略类型；u 为不考虑生计策略类型时的平均土地流转面积，α_i 表示生计策略类型为 i 类时的附加效应，ε_{ij} 表示第 i 种生计类型中第 j 位农户的土地流转面积相对于本组均数的随机误差，一般假定其服从正态分布 $N(0, \delta^2)$。

因此，要判断生计策略类型的不同是否导致农户土地流转面积的差异，应检验如下假设：

$$H_0 : \alpha_i = 0 ; H_1 : 至少有一个 \alpha_i \neq 0$$

在本书中，设置显著性水平为0.05，采用 F 统计量检验的方法，若对应的 P 值大于0.05，说明 $\alpha_i = 0$，不同生计策略类型农户间的土地流转面积没有差异，即原假设 H_0 成立；若 P 值小于0.05，说明有 $\alpha_i \neq 0$，即不同生计策略类型农户间的土地流转面积有显著差异，此时应拒绝原假设。

（1）观测变量为转入土地面积。首先进行方差齐性检验，结果显示显著性水平小于0.001，说明原始数据方差不齐，因此，可以对原始数据进行对数变换，变换后结果显示显著性水平为0.882，Levene 统计量为0.221，表明转换后的数据的方差没有显著性差异，即组间方差具有齐次性，可以进行方差分析。然后运行得出方差分析结果（见表4-2）。

表4-2　单因素方差分析结果

转入土地面积	平方和	df	均方	F	显著性
组间	154.489	3	51.496	1 305.163	0.000
组内	7.063	179	0.039		
总数	161.552	182			

由表4-2可知，F值为1 305.163，$P<0.05$，此时应拒绝原假设H_0，接受H_1，表明至少有一个$\alpha_i \neq 0$，即不同生计策略类型农户间的转入土地面积在$\alpha=0.05$的显著性水平上存在显著差异。通过调查发现，不同类型农户转入土地面积大小存在差异的原因非常复杂，受多方面因素的影响，需要在下文中进行具体分析。

（2）观测变量为转出土地面积。同样，首先进行方差齐性检验，结果显示显著性水平为0.211，Levene统计量为1.477，说明不同生计策略类型农户转出土地面积的方差具有齐次性，满足单因素方差分析法的适用条件。然后运行得出方差分析结果（见表4-3）。

表4-3　单因素方差分析结果

转出土地面积	平方和	df	均方	F	显著性
组间	0.031	4	0.008	0.593	0.668
组内	2.255	175	0.013		
总数	2.286	179			

由表4-3可知，F值为0.593，P为0.668＞0.05，此时应接受原假设H_0，即$\alpha_i=0$，不同生计策略类型农户间的转出土地面积在$\alpha=0.05$的显著性水平上不存在显著差异。

通过调查发现，传统农业型、专业农业型和农业兼业型农户转出土地的主要原因是原有土地与新转入土地不集中连片，不利于使用农业机械化生产和进行田间统一管理，故将原有的口粮地转出。非农兼业型农户将原有口粮地的大部分转出，这与其非农为主的生计策略是相符的，非农型农户则将原有土地全部转出，向非农化方向发展。可以看出，5种类型农户转出的土地均为原有的口粮地。本书在上一章对不同生计策略类型农户生计资本量化与分化特征分析中指出，土地未流转时，农户家庭拥有的口粮地一般不超过0.3 hm^2，生计策略未发生分化，因此该指标在农户之间差异不大，这与不同生计类型农户的土地转出面积差异分析是相符的。

二、农户土地转入面积分异机理

上节分析结果表明，不同生计类型农户在土地转入面积方面存在显著差异，因此，本研究运用 Pearson 相关系数法对其影响因素进行分析，解析青浦区农户土地转入面积的分异机理。

1.变量选择

通过实地调查发现，农户土地转入面积大小的决策是由多种影响因素共同作用的结果。理论上讲，影响农户土地流转行为的是土地流转过程中成本与收益的比较，无论是农户自身的因素还是家庭方面的因素，以及外部环境差异，都可能会直接或间接地影响农户土地流转的成本与收益，从而影响其土地流转行为。因此，本书借鉴已有的研究成果，并结合研究区的实际情况以及数据的可获取性，从户主个体特征、农户家庭特征、社会保障特征和区位特征4个层面选取10个变量作为农户土地转入面积大小的影响因素（见表4-4）。

表4-4 变量说明

层面	变量名称	符号	定义
户主个体特征	年龄	AGE	户主2016年实际年龄（岁）
	文化水平	EL	文盲为0；小学为0.2；初中为0.4；高中或中专为0.6；大学及以上为1
	种地习惯	CH	有=1；无=0

层面	变量名称	符号	定义
农户家庭特征	家庭务农人数	HAN	家庭成员中全职从事农业生产为1，兼职为0.5，家庭务农人数为其和
	家庭年收入	HYI	2016年农户家庭全年总收入（万元）
	农业收入比重	AIP	农业收入/家庭年收入（%）
	农业生产工具拥有量	ATN	户均拥有农业生产工具数量
社会保障特征	养老保险参保比例	EIP	养老保险参保人数/家庭总人口数（%）
	医疗保险参保比例	MIP	医疗保险参保人数/家庭总人口数（%）
区位特征	农户离城镇距离	HTD	农户宅基地距离最近城镇的距离（km）

2. 不同生计类型农户土地转入面积分异机理

皮尔逊相关系数（Pearson correlation coefficient）最早是由统计学家卡尔·皮尔逊设计的统计指标，是研究两变量之间线性相关程度的常用统计量。皮尔逊相关系数的取值范围是 [-1, 1]，绝对值越大，说明二者之间的相关性越强；越接近于0，说明相关性越弱。本书运用 Pearson 相关系数法来分析各变量对农户土地转入面积的影响程度，得出如表4-5所示的结果。

由表4-5可知，在5%和1%的显著性水平下，传统农业型农户土地转入面积主要受种地习惯（CH）、家庭年收入（HYI）、农业收入比重（AIP）、户主文化水平（EL）和农户离城镇距离（HTD）的正向促进作用以及年龄（AGE）的负向抑制作用；专业农业型农户土地转入面积主要受家庭年收入（HYI）、农业收入比重（AIP）、农业生产工具拥有量（ATN）和户主文化水平（EL）的正向促进作用；农业兼业型农户主要受种地习惯（CH）、家庭务农人数（HAN）、户主文化水平（EL）和农业收入比重（AIP）的正向促进作用；非农兼业型农户则主要受户主文化水平（EL）、家庭年收入（HYI）、养老保险参保比例（EIP）和医疗保险参保比例（MIP）的负向抑制作用。

表4-5　不同生计类型农户土地转入面积与影响因素的 Pearson 相关系数

变量	传统农业型	专业农业型	农业兼业型	非农兼业型
AGE	-0.624^{**}	-0.083	-0.214	-0.039
EL	0.473^{*}	0.670^{**}	0.651^{**}	-0.566^{**}
CH	0.749^{**}	0.074	0.428^{*}	0.171
HAN	0.318	0.259	0.615^{**}	0.145
HYI	0.427^{*}	0.853^{**}	0.362	-0.484^{*}
AIP	0.516^{**}	0.778^{**}	0.423^{*}	0.012
ATN	0.145	0.534^{**}	0.206	0.017
EIP	-0.172	-0.195	-0.310	-0.784^{**}
MIP	-0.161	-0.155	-0.298	-0.643^{**}
HTD	0.441^{*}	0.365	0.102	0.039

注：非农型农户不存在土地转入行为，故未计入表中。* 和 ** 分别表示在5%和1%的统计水平上显著。

由此可见，4种类型农户均受户主文化水平（EL）的影响，其中，对传统农业型、专业农业型和农业兼业型农户起正向促进作用。第三章关于不同生计策略类型农户特征分析表明，除非农型农户外，专业农业型农户的户主文化水平最高，其次是非农兼业型农户，传统农业型和农业兼业型农户相对最低。相关性分析结果中的显著影响因素均对专业农业型农户转入土地面积起正向促进作用，从而促使其从事农业规模化经营，平均转入面积为42.34 hm^2。农业兼业型农户与专业农业型农户类似，从事农业生产以获取经营利润为目的，但户主平均文化水平低于专业农业型农户，无法满足规模生产对于技术水平和管理水平等的要求，因此只能转入低于专业农业型农户的、适合家庭经营的土地面积，平均为9.57 hm^2。传统农业型农户除户主平均文化水平较低以外，相对其他类型农户来讲户主年龄较大，与土地转入面积的相关性系数为 -0.624，因此受到该变量的负向抑制作用明显，平均转入面积低于农业兼业型农户，为4.68 hm^2。

户主文化水平（EL）对非农兼业型农户的土地转入面积起负向作用，说明户主文化水平越高越倾向于将家庭劳动力分配到非农活动中，从而对农业生产造成一定的冲击。除此之外，该类型农户还受到家庭年收入（HYI）、养老保险参保比例（EIP）和医疗保险参保比例（MIP）的负向抑制作用，其家庭年收入的增加主要依赖于非农就业，因此会对务农劳动力产生竞争而导致土地转入面积减少，并且其家庭养老保险和医疗保险参保比例比其他类型农户高出许多，有较高的社会保障，对土地依赖性小，种地成为其休闲娱乐的生活方式。因此，非农兼业型农户土地转入面积最少，平均为 0.04 hm^2。由上文可知，该类型农户更多的是将土地转出一部分或者不参与土地流转活动而保持原来的口粮地面积。

第二节　种植选择行为及其影响因素

一、农作物种类选择

上海市青浦区现有耕地面积 23 700 hm^2，一般来讲，农户种植的农作物主要包括水稻（R）和小麦（W）等粮食作物、蔬菜（V）等经济作物以及绿肥作物（G）等。其中，绿肥种植种类主要为红花草，也叫紫云英，它含有多种养分和大量有机质，能改善土壤结构，促进土壤熟化，增强地力。在青浦区，绿肥多以粮肥轮作的形式进行栽培。

通过实地调查发现，该区农户一般种植单季晚稻，认为种双季稻是"明增暗减，得不偿失"，其主要原因是：青浦区无霜期还不够长，早春天气冷，早稻成苗率低，需要多用种子，并且双季稻成熟周期短，所以必须多施肥，导致种植成本较高；由于快速城镇化，大量农户进城务工，农业劳动力相对不足，若种植双季稻，在抢收早稻、抢种晚稻的"双抢"农忙期间，劳动力会特别紧张，将造成单季晚稻推迟播种而不能达到理想产量。

青浦区农户多年以来种植的小麦种类为冬小麦，但实际上，该区地势低洼，地下水位高，易积水，不太适宜小麦的生长；该区气候潮湿，每斤小麦烘干大约需要2毛钱，并且小麦所需肥料较多，导致种植小麦的成本较高；除此之外，水稻、小麦连作消耗土地肥力较多，造成土质下降。由此可以看出，小麦并非是青浦区的优势农作物。2013年，青浦区开始进行农业结构调整，规定农户冬季种植小麦的比例不超过40%，并且出台了种植绿肥和冬前深翻的相关补贴政策，鼓励农户减少小麦种植规模以培肥地力。其中，绿肥补贴每亩200元，同时绿肥种子实行统一免费供应，冬前深翻补贴每亩120元。

二、不同生计类型农户的轮作模式选择及其原因

通过2016年4月和8月对青浦区农户种植选择行为的实地调查，经统计得到288户（非农型农户不包括在内）不同生计类型农户采取的轮作模式（见图4-1）。

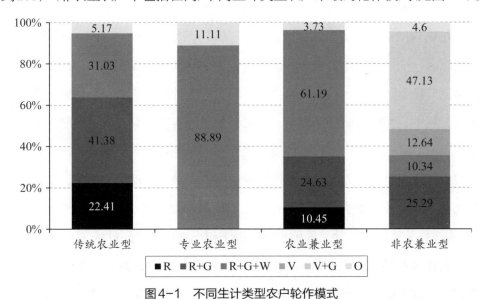

图4-1　不同生计类型农户轮作模式

由图4-1可知，青浦区农户采取的农作物轮作模式主要有6种，包括水稻（R）、"水稻（R）+绿肥（G）"、"水稻（R）+绿肥（G）+小麦（W）"、蔬菜（V）、"蔬菜（V）+绿肥（G）"和其他（O）。其中，其他模式（O）中除包括种植水稻外，

还包括种植蔬菜、甜瓜、草莓、茭白、西瓜等一些经济作物。并且，图中显示不同生计类型农户选择的农作物轮作模式存在差异。

传统农业型农户一般为上了年纪的老人，家庭整体劳动能力较弱，但水稻几乎是每个家庭必会选择种植的粮食作物，同时，由于冬季种植绿肥可以获取比冬前深翻更高的补贴，既可以培肥地力，又能增加家庭收入，且不需要较多的人力，因此，对农户吸引力更大，在采取的轮作模式中，"R+G"模式占比最高，为41.38%；一些年纪相对稍大的传统农业型农户则仅种植水稻，冬季进行深翻、休耕以获取相应的农业补贴，此部分农户占比为31.03%；还有22.41%的传统农业型农户在身体条件允许的情况下，采取"R+G+W"的轮作模式，可以看出，虽然该区不太适宜种植冬小麦，但由于种植小麦获取的利润每亩为300元~400元不等，相比种植绿肥获取的补贴要多，所以能够获取更多的农业收入。

在调查的9户专业农业型农户中，有8户采取了"R+G+W"的轮作模式，究其原因，一是水稻作为该区的优势农作物，是其进行规模化生产的主要目标作物；二是受到青浦区农业委员会倡导的冬季应种植绿肥或深翻休耕等政策的影响，其中，种植绿肥补贴较高，且又有种子等实物补贴，因此绿肥也成为该类型农户的目标农作物；三是种植小麦比种植绿肥获取的利润要稍高，且该类型农户长期雇用劳动力，不存在传统农业型农户缺乏劳动力的情况，因此，专业农业型农户在冬季会积极选择种植适当比例的绿肥和小麦2种农作物。剩余1户农户位于练塘镇，除了种植水稻、绿肥和小麦以外，还种植了100亩茭白。

农业兼业型农户的土地规模低于专业农业型农户，但家庭整体劳动能力较强，适宜于家庭生产，因此，受经济效应的影响，采取"R+G+W"轮作模式的农户较多，占比为61.19%。采取"R+G"、R和O等轮作模式的农户相对较少，分析其原因可能与家庭主要务农劳动力的年龄有关。

相比前3种类型农户，非农兼业型农户采取的轮作模式更加多样化，其中，以"V+G"模式居多，其次为"R+G"模式，占比分别为47.13%和25.29%。该类型农户耕地面积较小，从事农业生产一般为满足家庭所需，在夏季多种植蔬菜等经济作物，水稻等粮食作物种植较少，冬季一般种植绿肥，一则可以培肥地力，二则可以获取少量的补贴。采取V和"R+G+W"的农户相对较少，主要是受农业补贴和家庭劳动力分配等因素的影响。

通过对农户进行种植小麦的意愿调查发现，90%以上的农户表示随着种植绿肥和冬前深翻等补贴的提高，他们愿意减少小麦的种植或者干脆不种。为鼓励农户开展冬季轮作休耕，引导农户取消小麦种植，提高农民保护耕地和生态环境的积极性，青浦区农业委员会联合区财政局于2017年发布了《关于完善本区耕地质量保护与提升补贴实施方案的通知》(青农委〔2017〕160号)，决定从明年起取消小麦种植补贴，并将绿肥种植补贴由原来的每亩200元提高到250元，种子依旧实行统一免费供应，对秋冬期间在实施秸秆机械化还田的基础上开展深翻、后茬种植水稻的农户给予财政补贴300元/亩，比之前的单纯深翻获得的补贴每亩多180元。结合之前的农户小麦种植意愿调查结果，青浦区实施的相关补贴政策无疑会引导农户在原来的基础上减少小麦的种植面积，转种绿肥或深翻，最终实现全区保护耕地和生态环境的目标。

第三节　土地投入行为及其影响因素

农户对土地的投入主要包括劳动力投入和资本投入。李秀彬等指出土地利用集约度是单位时间单位土地面积上非土地投入的数量，包括劳动力和资本的投入量，又可分为劳动集约度和资本集约度。因此，本书以土地利用集约度这一指标来表征农户的土地投入行为。由于本书中农户的农业生产对象为耕地，因此将土地利用集约度具体化为耕地利用集约度。耕地利用集约度实质上就是农户不同耕地投入行为的表现结果，也是耕地资源集约利用状况的表征。

耕地资源的集约利用不仅关系到生态环境和谐和耕地资源的合理高效利用，更与国家的粮食安全和社会稳定密切相关。因此，研究城镇化背景下不同生计策略类型农户的耕地利用现状及其影响因素对改善农户生产行为、提高耕地资源利用效率以及促进经济社会可持续发展具有重要意义。

当前，越来越多的国内外学者开始关注对耕地利用集约度的研究，内容主要集中在不同尺度上耕地利用集约度的评价、时空分异规律以及影响因素等方面。其中，国内学者对于影响因素的研究方法主要有定性分析法、典型相关分析法、多元线性回归模型等等。线性回归模型的使用最为广泛，大多被用于分析全国尺度或区域尺度等宏观尺度下耕地利用集约度的影响因素；在微观尺度，即农户层面，吴郁玲等利用回归模型进行了耕地利用集约度影响因素的分析。在这些研究中，线性回归分析建立在假设个体测量值相互独立的基础上，未考虑农户生计策略类型分异的影响，而李芹和王秀圆等研究表明不同生计策略类型农户耕地利用集约度存在较大差异并分别进行了影响因素的探究，李芹定性描述了农户类型对耕地利用集约度的影响机制，王秀圆利用线性回归得出了不同类型农户内部耕地利用集约度的影响因素，但生计策略作为一项重要的影响因素，其影响程度未被量化分析，并且由于耕地利用集约度在同一生计策略类型农户中存在相似性，即数据存在层次结构，而传统的线性回归模型忽略了这一现象会使拟合结果中各参数估计值的有效性和统计特性受到影响，因此需用多水平模型来分析。多水平模型，又称多层次模型，它允许数据资料存在组内相关性和层次结构性，近年来国内外学者在土地利用科学方面有所应用。

因此，本书以上海市青浦区为例，首先测算了不同生计策略类型农户的劳动集约度、资本集约度以及耕地利用集约度并分析彼此的差异，然后考虑数据可能存在的层次结构，采用多水平模型中的两水平方差成分模型对耕地利用集约度的影响因素进行定量模拟，为实现快速城镇化地区农户生计转型和农业可持续发展提供参考借鉴。

一、研究方法

1. 耕地利用集约度的含义及测算方法

耕地利用集约度是指单位时间单位耕地面积上非耕地投入的数量，包括劳动力和资本(化肥、种子、农药、地膜、农业机械等)的投入量，又可分为劳动集约度和资本集约度。耕地利用集约度的测度方法有实物形态测度法和价值形态测度法。为了便于量纲统一和对比分析，本书采用价值形态测度方法，时间跨度为2016年一年，公式如下：

$$I = (A + K)/S \qquad (4-2)$$

式中，I 为耕地利用集约度，单位为元 / hm^2；A、K 分别为劳动力投入总金额和资本投入总金额，单位为元；S 为农户耕地面积，单位为 hm^2。其中，劳动集约度是通过农户实地调研以及在当地劳务市场调查获取的农户当年劳动力雇用人数、劳动工时以及雇用工资计算得到；资本集约度为种子、化肥、农药、农业机械等的平均投入金额，各项生产资料的当年投入量和单价由农户调查获得。

2. 耕地利用集约度影响因素指标体系构建

参照已有研究，构建农户个体和生计策略类型两水平的耕地利用集约度影响因素指标体系(见表4-6)，农户个体水平主要从人口、经济、资源、区位等自身禀赋条件选取相关因素，第二水平以是否兼业将农户生计策略分为兼业和非兼业两种类型。

3. 两水平方差成分模型构建

多水平模型是一门集方差成分分析和多元回归分析为一体的多元统计分析新技术。应用该模型的数据特征是反应变量的分布在个体间不具备独立性，但存在同一地域内、类别中、时间内、个体重复测量等的聚集性和相似性，该模型可将普通线性模型中的单一的随机误差分解到与数据层次结构相应的各水平上。两水平方差成分模型是多水平模型的一种，其基本形式为：

表4-6　耕地利用集约度影响因素指标体系

目标层	准则层	指标层	变量序号	指标计算方法
第一水平（农户个体）	人口特征	户主年龄	X_1	按2016年实际调查数据（岁）
		户主文化水平	X_2	赋值法：文盲为0；小学为0.2；初中为0.4；高中或中专为0.6；大学及以上为1
		家庭务农人数	X_3	家庭成员中全职从事农业生产为1，兼职为0.5，家庭务农人数为其和
	经济特征	农业收入比重	X_4	家庭中农业收入占年总收入的比重（%）
		年总收入	X_5	2016年农户家庭全年总收入（万元）
		农业补贴	X_6	2016年农户获得的农业补贴总额（万元）
	资源禀赋特征	农业生产工具数量	X_7	户均拥有农业生产工具数量
		耕地面积	X_8	2016年农户实际耕种面积（hm^2）
		地块平均离家距离	X_9	地块离家距离之和/地块数量（km）
		土壤质量	X_{10}	打分法：设为0~5分，5分为最好
	区位特征	农户离城镇距离	X_{11}	农户宅基地距离最近城镇的距离（km）
第二水平（生计类型）	多样化程度	是否兼业	W_1	设为二分类变量：兼业=1，非兼业=0
				兼业类型包括农业兼业型，非农兼业型
				非兼业类型包括传统农业型，专业农业型

$$第一水平：y_{ij} = \beta_{0j} + \beta_1 x_{ij} + e_i \qquad (4-3)$$

$$第二水平：\beta_{0j} = \gamma_{00} + u_{0j} \qquad (4-4)$$

式中，$i=1, 2, 3, \cdots, n_j$，表示水平一单位；$j=1, 2, 3, \cdots, J$，表示水平二单位。β_1 是自变量 x 的固定效应；与普通线性回归模型不同的是，β_{0j} 在方差成分模型中是随机变量，γ_{00} 是其固定效应。e_{ij} 和 u_{0j} 分别为水平一和水平二的随机误差项，又称残差项，通常假定 $e_{ij} \sim N(0, \delta_{e_0}^2)$，$u_{0j} \sim N(0, \delta_{u_0}^2)$，$cov(e_{ij}, u_{0j}) = 0$。

　　进行两水平方差成分分析之前，首先要拟合零模型，其目的是检验数据是否具有层次结构，是否有引入第二水平自变量进行多水平分析的必要，其模型形式如下：

$$第一水平：y_{ij} = \beta_{0j} + e_{ij} \tag{4-5}$$

$$第二水平：\beta_{0j} = \gamma_{00} + u_{0j} \tag{4-6}$$

通过零模型运行结果可以计算得出组内相关系数 ρ（Intra-Class Correlation，简称 ICC）：

$$\rho = \frac{\delta_{u_0}^2}{\delta_{u_0}^2 + \delta_{e_0}^2} \tag{4-7}$$

该系数反映了水平一单位在水平二单位中的聚集性或相似性，同时测量出因变量的总方差变异中水平二单位之间的方差所占的比例。ρ 的取值范围在0—1区间内，越趋向于1，说明数据的层次结构特征越突出，有必要进行多水平分析；越趋向于0，说明个体间趋于相互独立，不存在组内聚集性，可以忽略高一层次的影响，转为采用普通线性回归模型。

4.3.2　结果分析

1．不同生计策略类型农户耕地利用集约度比较

根据式(4-2)计算得到农户耕地利用集约度，对同一生计策略类型农户取均值作为该类型耕地利用集约度的代表数值。结果显示，农户生计策略类型不同，其劳动集约度、资本集约度以及耕地利用集约度等方面也存在一定的差异(见图4-2)，耕地利用集约度大小顺序为专业农业型(10 432.08元/hm²)、传统农业型(8 450.49元/hm²)、农业兼业型(8 063.14元/hm²)、非农兼业型(6 872.03元/hm²)，劳动集约度和资本集约度排序与之基本一致。

（1）劳动集约度。不同生计策略类型农户劳动集约度的大小顺序依次为专业农业型（1 817.11元/hm²）、传统农业型（1 138.24元/hm²）、农业兼业型（606.95元/hm²）、非农兼业型（454.21元/hm²）。主要原因是专业农业型农户耕地规模较大，一般常年雇用年轻劳动力，且农忙时视情况可能还需要请一些临时工，因此劳动力花费金额较大；传统农业型和农业兼业型农户平时主要

依靠家庭内部成员进行农业生产，只有在 7、8 月份农忙时雇用临时工，传统农业型农户受年龄、人口数量的限制，雇用的劳动力人数比农业兼业型农户多；非农兼业型农户耕地面积较小，家庭成员基本可以满足劳动力的需要，只在农忙时雇用少量劳动力。

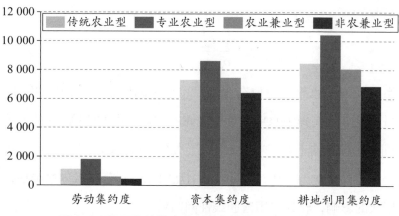

图4-2　不同生计策略类型农户耕地利用集约度比较

（2）资本集约度。不同生计策略类型农户资本集约度大小顺序依次为专业农业型（8 614.97 元 / hm²）、农业兼业型（7 456.19 元 / hm²）、传统农业型（7 312.25 元 / hm²）、非农兼业型（6 417.82 元 / hm²）。主要原因是：由图4-3可知，专业农业型农户在化肥、种子、农药等方面投入最低，而在农业机械方面投入最高，这是因为青浦区农业技术中心的相关人员会对规模化经营农户进行农业培训或技术指导，使其耕作更科学，以合理的投入获取最大的产量，利用更多先进的农业机械（如滴灌设备、打药机等）实现农业现代化经营模式；传统农业型、农业兼业型农户和非农兼业型受农业技术水平的限制，认为投入越多，产出越多，因此在化肥、种子和农药投入方面花费较多；农业机械投入方面，除去专业农业型，农业兼业型次之，因为兼业型的生计策略使得农业劳动力不充足，因此可借助农业机械，再次为传统农业型，因为该类型农户受传统观念的影响，农业机械使用量不大，非农兼业型最低，因为耕地面积小，不适宜大型机械的操作，故该项投入花费最少。

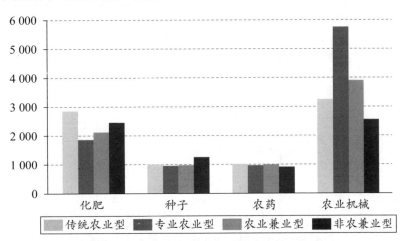

图4-3　不同生计策略类型农户资本集约度比较

2．模型回归结果分析

本书将农户个体作为第一水平，生计策略类型作为第二水平，耕地利用集约度作为因变量，12个影响因素指标作为自变量来拟合两水平方差成分模型，回归结果见表4-7。

表4-7　耕地利用集约度影响因素两水平方差成分模型回归结果

模型参数	零模型	模型 A	模型 B
固定效应	/	/	/
截距	563.787***	215.225***	206.112***
水平一	/	/	/
户主文化水平	/	4.012	4.735
家庭务农人数	/	4.981	4.370
农业收入比重	/	57.074**	73.091**
年总收入	/	0.996	1.067
农业补贴	/	1.143**	1.223**
农业生产工具数量	/	1.078	1.819
耕地面积	/	0.359***	0.376***

模型参数	零模型	模型 A	模型 B
土壤质量	/	−0.607	−0.384
地块平均离家距离	/	23.235*	20.621*
农户离集镇距离	/	7.120***	7.406***
水平二	/	/	/
是否兼业	/	/	−40.265*
随机效应	/	/	/
水平一（$\delta_{e_0}^2$）	4 101.616***	1 883.742***	1 847.558***
水平二（$\delta_{u_0}^2$）	1 317.887***	589.603**	312.964**

注：*、**、***分别表示在5%、1%和0.1%的统计水平上显著。

（1）拟合零模型。模型结果显示，代表生计策略类型间差异的常数项估计值（$\delta_{u_0}^2$）为1 317.887，代表农户个体间差异的常数项估计值（$\delta_{e_0}^2$）为4 101.616，P值均小于0.001，具有统计学意义，说明不同生计策略类型农户的耕地利用集约度存在差异性，属于同一类型的具有相似性。根据式（4-7）计算得到组内相关系数ρ为0.243 2，表明耕地利用集约度的总变异中有24.32%的变异是由生计策略类型不同引起的。因此，对农户耕地利用集约度影响因素运用多水平模型分析是必要的。

（2）引入第一水平自变量拟合模型 A。通过相关性分析和共线性检验进行自变量筛选，剔除"户主年龄"。将第一水平其余10个自变量作为固定效应纳入模型中。

模型 A 显示，农户耕地利用集约度影响因素有农业收入比重、农业补贴、耕地面积、地块平均离家距离、农户离城镇距离等，均对耕地利用集约度起正向促进作用。

农业收入比重越高(如农业专业型、传统农业型和农业兼业型等农户)，说明农业收入在家庭总收入中的地位越重要，能够促进农户继续加大对耕地的投入来提高利用集约度，以获取更大的经济效应来维持生计。

农户获取的农业补贴越多，在一定程度上会提高其从事农业生产的积极性，激励农户集约利用耕地资源。青浦区农业补贴主要包括水稻种植补贴、水稻农资综合补贴、农作物良种补贴、农机具购置补贴、农作物秸秆机械化还田补贴、绿肥种植补贴、冬前深翻补贴、水稻病虫害防治药剂补贴、麦子赤霉病防治补贴、专用配方肥补贴、规模经营补贴等等。专业农业型农户获取的农业补贴种类较多，一般包括上述所有补贴项目，其中，农机具购置补贴与规模经营补贴比重较高，该类农户从事农业规模化生产，农业收入是其最主要的收入来源，农业补贴越多，越能激励农户的生产积极性，单位耕地面积上投入越大；传统农业型和农业兼业型农户耕地利用集约度次之，其农业补贴主要包括种植水稻、绿肥、小麦获取的农药、化肥、良种补贴以及冬前深翻等补贴项目；非农兼业型农户耕地面积较小，不适宜机械化作业，主要种植蔬菜，种植粮食的户数较少，因此获取的农业补贴总额相对不多，耕地利用集约度最低。

耕地面积越大，如专业农业型农户，除去必要的劳动力投入以外，需要更多的省工性投入(如插秧机、收割机、打药机等农业机械)以实现农业现代化生产，因此对耕地的投入较大；地块离家越远，运输成本越大，意味着需要投入更多的人力和物力，单位耕地面积上投入增大。

农户离城镇越远，获取的非农务工机会减少，表明家庭倾向农业方向发展，如专业农业型和传统农业型农户，平均离集镇距离分别为16.709 km、19.543 km，耕地利用集约度较高，而农业兼业型和非农兼业型农户倾向兼业化方向发展，平均离集镇距离分别为12.914 km、10.640 km，两者耕地利用集约度比前两者低。

其他5项因素对耕地利用集约度影响不显著，原因可能是：户主文化水平高低并不能完全决定耕地利用集约度的大小，非农兼业型农户户主文化水平在4种生计策略类型中较高，但其主要依赖非农收入维持生计，耕地面积较少，不适宜大型农业机械作业，因此单位耕地面积资本投入不高，主要依靠家庭内部劳动力，因此雇用劳动力成本低，可以看出，非农兼业型农户的耕地利用比较粗放；上海市经济发达，农户收入水平较高，在农忙时有足够的积蓄用来雇用劳动力和租用农业机械，因此家庭务农人口数量和农业生产工具数量的多少并不会影响单位耕地面积上劳动力和资本的投入；年总收入包括了农业收入和非农收入，由于不同生计策略类型农户的家庭发展重心不同，总收入的高低不能表明在耕地上的投入多寡；土壤质量与耕地利用集约度成反比，质量越差，投入越多，问卷中农户对土壤质量的打分多在3~5分之间，表明土壤条件良好，对农业生产没有显著的影响。

（3）引入第二水平自变量拟合模型B。模型B显示，农户耕地利用集约度不仅受农户个体水平的影响，而且与生计策略类型水平的因素有关：自变量"是否兼业"的回归系数符号为负，表明兼业型农户的耕地利用集约度比非兼业型农户的低。这与事实相符，非兼业型农户以农业收入为主，因此需要加大耕地投入以获取经济利益维持生计；而兼业型农户有非农收入作为补充，因此对耕地的利用相对粗放。

3. 模型效果评价

三个模型的拟合信息显示，-2受约束的对数似然值、AIC、AICC、CAIC、BIC等各项信息准则随着新自变量的加入而降低，说明变量的纳入是合理的，有助于模型解释更多的结局变量中的变异。

表4-7中，在零模型基础上引入第一水平自变量拟合模型A，结果显示：$\delta_{e_0}^2$ 和 $\delta_{u_0}^2$ 分别由4 101.616和1 317.887下降为1 883.742和589.603，说明第一水平自变量能解释水平一变异的54.073%（1-1 883.742/4 101.616＝0.540 73）和水平二变异的55.261%。

在模型A基础上引入第二水平自变量拟合模型B，结果显示：$\delta_{e_0}^2$ 和 $\delta_{u_0}^2$ 分别由1 883.742和589.603下降为1 847.558和312.964，说明第二水平自变量能解释水平二变异的46.920%，而解释水平一变异的程度很小（1.921%），因为水平二自变量只在群组水平影响结局变异。

由表4-7还可知，水平一和水平二的方差在模型B中仍有统计学意义，说明在今后的研究中还需考虑增加其他的自变量来解释耕地利用集约度的变异。

第四节　土地保护行为及其影响因素

对耕地实行最严格的保护是我国的一项基本国策。耕地保护实质上是中央政府、地方政府、农民集体和农户等相关利益主体对耕地保护重要性的认知度、意愿和保护行为综合作用的结果。耕地保护主要包括耕地数量保护和质量保护。在我国现行的土地使用制度下，耕地的数量主要由国家或地方政府相关部门进行宏观调控，而农户作为耕地的直接使用者和决策者，则在耕地质量保护中扮演着重要的角色，是实现我国耕地保护战略目标的重要基础。

青浦区素有上海"后花园"之称，位于西北部的淀山湖是上海市最大的淡水湖泊，肩负着重要的供水安全任务，因此，该区也是上海的水源保护地。除此之外，青浦区还具有重要的农业生产功能。青浦区之前实行的是稻麦全年轮作制，导致土壤肥力下降，并且大量的化肥、农药投入极易造成土壤板结以及地下水和湖泊等外部生态环境的污染。自2000年起，青浦区开始实施三年环保行动计划，倡导绿色生产方式，提高耕地质量，增强农业可持续发展能力。在"十二五"期间，该区积极开展淀山湖地区国家功能区建设示范工作，基本完成淀山湖地区发展空间、农业生产空间、生态保护空间三类空间开发管制界限的划定工作；化肥、农药减施、农业节水节肥、稻麦秸秆还田等取得积极进展，化肥施用强度较"十一五"末降低了10%。与此同时，为鼓励农户培肥地力以保证环保计划的顺利实施，青浦区农业委员会联合区政府、财政局制定了相应的农业补贴政策，如在本书种植选择行为中提及的绿肥种植和冬前深翻晒垦的补贴政策，除此之外，该区还实行了测土配方施肥(水稻专用肥——BB肥)和秸秆还田补贴政策。

归根究底，政府是耕地保护的引导者，农户才是耕地保护的实践者。通过2016年4月和8月对青浦区农户耕地保护行为的实地调查，发现不同生计策略类型农户的土地保护行为存在差异(见表4-8)。

表4-8　不同生计策略类型农户的土地保护行为

农户生计策略类型	调查户数	种植绿肥	冬前深翻	测土配方施肥	秸秆还田
传统农业型	58	77.59%	43.10%	86.21%	37.93%
专业农业型	9	100%	33.33%	100%	100.00%
农业兼业型	134	89.55%	27.61%	90.30%	46.27%
非农兼业型	87	82.76%	49.43%	28.74%	11.49%

注：表中百分数为各种耕地保护措施的采取户数占每种类型农户的比例。

表4-8显示，青浦区农户的土地保护行为主要有种植绿肥、冬前深翻、测土配方施肥和秸秆还田等。其中，种植绿肥和测土配方施肥等保护行为在4种类型农户中占比较高，这与该区农业委员会联合区政府下达的绿肥种植补贴政策、测土配方施肥专用配方肥推广实施方案及相关补贴政策，以及青浦区农业委员会提倡的"减肥"政策密切相关。而非农兼业型农户主要种植蔬菜，粮食种植户数较少，因此，采用测土配方施肥的农户比例较低，仅为28.74%。

与种植绿肥和测土配方施肥相比，采取冬前深翻的农户比例相对较低，最高不超过50%。通过调查发现，主要原因是种植绿肥比冬前深翻获取的每亩补贴要高一些，因此，对农户的吸引力更大。

秸秆还田方面，调查的9户专业农业型农户全部采取了该保护措施，主要原因包括：一是该类型农户自身拥有大型农业机械，便于农作物秸秆的机械化还田以提高土壤肥力；二是该区的秸秆还田补贴政策的扶持对象主要包括实施秸秆(水稻、大麦、小麦)机械化还田的农机户、农机服务组织及相关农业企业，专业农业型农户可以获取相应的补贴；三是秸秆还田可以节省购买化肥的部分资金投入，同时省去了秸秆处理问题。因此，专业农业型农户在农作物收获后会积极采取秸秆还田的耕地保护措施。其他3种类型农户的秸秆还田比例相对较低，主要原因是这3类农户中自身拥有大型农业机械的几乎没有，若采取秸秆还田的耕地保护措施，则需要交纳适当的费用来租用专业农业型农户或农机服务组织的机械设备，如此一来，会导致农户的耕地投入资本增加；除此之外，这3类农户由于没有大型农业机械而无法获得相应的秸秆还田补贴，所以，采取该保护措施的农户比例较低，非农兼业型农户由于种植粮食户数较少而导致该比例最低，仅为11.49%。在调查时，一些耕地面积较大的农业兼业型农户表示计划自己购买大型农机具，原因是青浦区对于农机具的购置补贴力度较大，对于在全区范围内列入补贴计划的农户，购买列入补贴目录中的农机具，财政按照同一种类、同一档次、实行统一的定额补贴标准60%~80%。

为贯彻落实国家农业绿色发展战略，保护耕地资源，有效提高耕地质量，根据上海市农业委员会、市财政局《关于完善本市耕地质量保护与提升补贴相关政策的通知》(沪农委〔2017〕111号)、《关于推进本市粮食季节性轮作休耕养地工作的通知》(沪农委〔2017〕284号)文件要求，青浦区农业委员会联合区财政局于2017年发布了《关于完善本区耕地质量保护与提升补贴实施方案的通知》(青农委〔2017〕160号)，决定从2018年起取消小麦种植补贴，并将绿肥种植补贴由原来的每亩200元提高到250元，种子依旧实行统一免费供应，对秋冬期间在实施秸秆机械化还田的基础上开展深翻、后茬种植水稻的农户给予财政补贴300元/亩，比之前的单纯深翻获得的补贴每亩多180元。结合本书农户种植选择行为中有关农户小麦种植意愿和本节有关农户农机具购买意愿的调查结果，可以推断，2017年以后，农户的小麦种植面积会逐年减少，转而种植大面积绿肥或进行冬前深翻，购买大型农机具的农户数量增加以实现机械化秸秆还田，最终实现耕地质量提升和生态环境保护的目标。

第五节　小　结

农户作为农村最基本的经济活动主体和决策单元，也是土地经营的主体，其生计策略改变与土地利用有着紧密的关系。本章主要围绕不同生计策略类型农户的土地利用行为(种植选择行为、土地流转行为、土地投入行为和土地保护行为)差异展开研究，验证农户生计策略—土地利用行为作用模型的"行为反应"阶段，得到以下结果。

（1）在土地流转行为方面，分析结果表明传统农业型、专业农业型和农业兼业型农户是流转过程中主要的土地需求者，非农兼业型和非农型农户则是主要的土地供给者。单因素方差分析结果表明，不同生计策略类型农户在转出土地面积方面没有明显差异，而在转入土地面积方面存在显著差异。其中，专业农业型农户转入土地面积最多，平均为 42.34 hm^2，主要是受到家庭年收入（HYI）、农业收入比重（AIP）、农业生产工具拥有量（ATN）和户主文化水平（EL）的正向促进作用；农业兼业型农户次之，平均为 9.57 hm^2，与专业农业型农户相比，该类型农户户主文化水平（EL）较低，无法满足规模生产对于技术水平和管理水平等的要求，因此只能转入低于专业农业型农户的、适合家庭经营的土地面积；传统农业型农户不仅户主文化水平较低，而且受户主年龄（AGE）的负向抑制作用明显，因此，转入土地面积低于农业兼业型农户，为 4.68 hm^2；非农兼业型农户受到户主文化水平（EL）、家庭年收入（HYI）、养老保险参保比例（EIP）和医疗保险参保比例（MIP）的负向抑制作用，转入土地面积最小，仅为 0.04 hm^2。

（2）在种植选择行为方面，分析结果表明青浦区农户主要种植水稻（R）和小麦（W）等粮食作物、蔬菜（V）等经济作物以及绿肥作物（G）等；农户采取的农作物轮作模式主要有 6 种，包括 R、"R+G"、"R+G+W"、V、"V+G"和 O；传统农业型农户主要采取"R+G"模式，专业农业型和农业兼业型农户主要采取"R+G+W"模式，非农兼业型农户主要采取"V+G"模式。

（3）在土地投入行为方面，研究结果表明不同生计策略类型农户耕地利用集约度大小顺序为专业农业型、传统农业型、农业兼业型、非农兼业型，劳动集约度和资本集约度排序与之基本一致。

两水平方差成分模型结果显示不同生计策略类型农户的耕地利用集约度存在差异性，属于同一类型的具有相似性，耕地利用集约度的总变异中有24.32%的变异是由生计策略类型不同引起的；农业收入比重、农业补贴、耕地面积、地块平均离家距离、农户离集镇距离等第一水平变量、是否兼业等第二水平变量是影响农户耕地利用集约度的显著因素，第一水平自变量均对耕地利用集约度起正向促进作用，第二水平自变量回归系数符号为负，表明兼业型农户耕地利用集约度比非兼业型农户低。由此得出耕地利用集约度不仅与农户自身禀赋有关，而且也受到生计类型的影响。

模型拟合效果评价表明，两水平方差成分模型适合数据结构存在层次性的问题分析，为耕地利用集约度影响因素的研究提供了一种不同于传统多元线性回归模型的新思路。

（4）在土地保护行为方面，分析结果表明青浦区农户主要采取种植绿肥、冬前深翻、测土配方施肥和秸秆还田等保护措施，并且在提高耕地质量方面取得了积极有效的成果，这主要得益于该区制定的三年环保行动计划以及为鼓励农户培肥地力而出台的相关补贴政策。为贯彻落实国家农业绿色发展战略，进一步提高耕地质量，青浦区农业委员会联合区财政局于2017年发布了《关于完善本区耕地质量保护与提升补贴实施方案的通知》（青农委〔2017〕160号），文件对相关农业补贴进行了上调，并且取消了小麦的种植补贴。结合农户的小麦种植意愿和购买农机具意愿的调查结果，2017年以后，青浦区有望实现耕地质量的更大提升。

第五章 上海市青浦区农户生计策略
与土地利用行为耦合协调关系分析

农户生计策略—土地利用行为作用模型表明二者之间是相互作用、相互影响的。为探讨其输出反馈阶段，结合本书对农户生计策略和土地利用行为可持续发展的概念界定，本章首先从人地系统角度出发，构建耦合协调度模型，分析二者之间的耦合关系和耦合协调关系，以此来度量不同类型农户生计策略和土地利用行为之间的协同作用，揭示其可持续发展的程度；然后，借鉴强化理论来探究农户土地利用行为对生计策略的反馈机理。

第一节 农户生计策略—土地利用行为系统耦合协调度分析

农户作为耕地经营的主体，其生计策略改变与耕地利用方式有着密切的关系。和谐的人地关系有助于实现社会生产力与自然生产力的相互协调，从而实现农户生计可持续发展和土地资源合理利用。

当前关于农户生计策略与土地利用行为之间的关系研究大致可分为两个方面，一方面侧重探讨前者对后者的影响，如农户兼业、生计多样化、生计非农化等导致不同的土地利用变化及效率差异；另一方面侧重研究某种单一土地利用行为对农户生计策略的反作用关系，如土地流转、土地改革、湿地退耕还湿、种植类型等土地利用行为对生计策略的影响。以上研究均是将生计策略与土地利用行为中的一个作为另一个变化的驱动因素，在研究过程中割裂了二者的系统关系[134-138]。人地系统是由地理环境和人类活动2个子系统交错构成的复杂的、开放的巨系统，具体就是人与地在特定地域中相互联系、相互作用而形成的一种动态结构。因此，农户生计策略改变必然会对土地利用行为产生影响，而土地利用行为产生的结果也会反作用于生计策略，二者是相互作用、相互影响的[139]。近年来，有国外学者开始关注农户生计策略与土地利用行为的共生关系，认为二者不是独立的，而是存在复杂的耦合关系，国内对此方面研究较少，主要侧重农户生计策略与土地利用行为的独立研究或单向影响。缺乏二者之间耦合关系的系统研究。

因此，本书以上海市青浦区为例，从人地系统角度出发，将农户生计策略与土地利用行为分别作为2个子系统，借鉴物理学中的容量耦合协调度模型，构建"人—地系统"耦合协调度模型，分析不同类型农户生计策略与土地利用行为之间的耦合度以及耦合协调度，揭示二者之间的相互适应性，为实现农户生计转型、土地资源合理利用以及二者的可持续发展提供参考借鉴。

一、研究方法

1．农户生计策略—土地利用行为综合评价指标体系

农户生计策略—土地利用行为系统是一个相互作用、相互影响的人地系统。依据英国国际发展署（Department For International Development，DFID）提出的可持续生计框架，农户生计策略是指其资本组合和使用方式，由自身所拥有的生计资本状况决定，而生计资本是该框架的核心，是农户拥有的选择机会、采用的生计策略和抵御生计风险的基础，也是获得积极生计成果的必要条件，并且不同生计策略类型农户的生计资本存在显著差异，因此，生计资本状况可作为农户生计策略的代表。已有研究表明，不同生计策略类型农户的土地利用行为存在显著差异，进而产生不同的生态—经济—社会效应，即土地利用

综合效应，因此，农户土地利用行为可由土地利用效应来表征。综上所述，本书将生计策略和土地利用行为2个子系统作为农户生计策略—土地利用行为系统综合评价指标体系的目标层，从生计资本角度选取自然资本、人力资本、物质资本、金融资本和社会资本5个准则层指标来反映农户生计策略，从土地利用效应角度选取生态效应、经济效应和社会效应3个准则层指标来表征农户不同的土地利用行为。根据选取指标具有科学性、代表性等原则，结合研究区实际情况以及数据的可获得性，共筛选出23个评价指标（见表5-1）。

表5-1　农户生计策略—土地利用行为系统综合评价指标体系及权重

目标层	准则层	权重	指标层	指标属性	权重
生计策略	自然资本	0.141 5	户均拥有耕地面积 /hm²	+	0.011 3
			户均实际耕种面积 /hm²	+	0.130 2
	人力资本	0.095 6	家庭整体劳动能力	+	0.031 3
			户主受教育程度	+	0.053 9
			户主年龄	−	0.010 4
	物质资本	0.174 2	住房情况	+	0.067 4
			生产性工具数量	+	0.040 5
			耐用消费品数量	+	0.066 3
	金融资本	0.455 6	户均家庭年收入 / 万元	+	0.130 2
			补贴机会	+	0.108 0
			信贷机会	+	0.217 4
	社会资本	0.132 3	家中有无干部	+	0.059 5
			参加社区组织	+	0.072 8
土地利用行为	生态效应	0.240 8	冬前深翻占比 /%	+	0.035 8
			种植绿肥占比 /%	+	0.081 9
			氮投入 / (kg•hm⁻²)	−	0.0420
			农药投入 / (元 •hm⁻²)	−	0.0811

目标层	准则层	权重	指标层	指标属性	权重
土地利用行为	经济效应	0.511 8	地均粮食产量 / (t•hm^{-2})	+	0.0607
			地均粮食产值 / (万元 •hm^{-2})	+	0.0602
			农户年均纯收入 / 万元	+	0.3909
	社会效应	0.247 4	家庭务农人数占比 /%	+	0.0491
			人均耕地面积 /hm^2	+	0.1889
			农业机械化指数	+	0.0094

2. 数据标准化与指标权重确定

标准化方法采用极差标准化法，指标权重采用主客观相结合的方法来确定。

在各项指标标准化和权重确定的基础上，农户生计策略和土地利用行为2个子系统的综合评价公式分别为：

$$f(x) = \sum_{i=1}^{m} a_i x_i \tag{5-1}$$

$$g(y) = \sum_{j=1}^{n} b_j y_j \tag{5-2}$$

式中，x_i、y_j 分别表示子系统各评价指标的标准化数值，a_i、b_j 分别为各指标的权重，m、n 分别为2个子系统的评价指标个数，$f(x)$、$g(y)$ 分别为2个子系统的评价结果。

3. 耦合度模型

耦合度是物理学中的概念，用来描述系统或系统内部各要素之间相互作用、彼此影响的程度。借鉴耦合度函数，构建农户生计策略与土地利用行为耦合度模型为：

$$C = \sqrt{f(x) \cdot g(y)} / [f(x) + g(y)] \tag{5-3}$$

式中，C 表示耦合度，其值介于0~1之间，当 $C=0$ 时，说明农户生计策略和土地利用行为2个系统之间不存在耦合关系；当 $C=1$ 时，耦合度值最大，说明2个子系统达到了良性耦合状态。借鉴相关研究，将耦合度值划分为4个等级：当 $0 < C \leqslant 0.3$ 时，表示农户生计策略和土地利用行为2个子系统处于低水平耦合阶段；当 $0.3 < C \leqslant 0.5$ 时，表示2个子系统处于拮抗阶段；当 $0.5 < C \leqslant 0.8$ 时，表示2个子系统处于磨合阶段；当 $0.8 < C \leqslant 1$，表示2个子系统处于高水平耦合阶段。

4. 耦合协调度模型

由于耦合度模型只能量化系统或系统内部各要素之间相互作用程度的强弱，而相互作用的协调程度高低无法表明，耦合协调度可以用来度量系统或系统内部各要素之间在发展过程中的协调程度，因此，引入耦合协调度模型来反映农户生计策略和土地利用行为2个子系统的协调发展水平，更好地评判二者之间的相互作用关系，模型形式为：

$$D = \sqrt{C \cdot T}, \ T = \alpha f(x) + \beta g(y) \tag{5-4}$$

式中，D 表示耦合协调度，C 表示耦合度，T 表示农户生计策略—土地利用行为系统综合评价指数，α、β 为待定系数，二者的取值通常取决于各子系统在系统中的重要程度，由于在人地关系研究中人与土地2个子系统的地位同等重要，即二者对人地系统可持续发展的贡献程度是相同的，因此 α、β 均取值为0.5。同样，耦合协调度值也可划分为4个等级：当 $0 < D \leqslant 0.3$ 时，表示农户生计策略和土地利用行为2个子系统处于低度耦合协调阶段；当 $0.3 < D \leqslant 0.5$ 时，表示2个子系统处于中度耦合协调阶段；当 $0.5 < D \leqslant 0.8$ 时，表示2个子系统处于高度耦合协调阶段；当 $0.8 < D \leqslant 1$，表示2个子系统处于极度耦合协调阶段。

二、结果与分析

1. 农户生计策略—土地利用行为系统耦合关系分析

耦合关系方面，不同类型农户生计策略与土地利用行为之间的耦合度大小顺序为专业农业型、农业兼业型、传统农业型和非农兼业型（见表5-2），差异虽然不是很大，但仍能反映出实际情况：专业农业型农户生计重心主要集中在农业生产方面，以规模经营为主，其所拥有的生计资本全部或者大部分用来进行土地投资，该类型农户被冠以"新型职业农民"的称号，生计策略与土地利用行为之间的关联性较强，因此，耦合度值在4种类型农户中较高，为0.480 7；农业兼业型与传统农业型农户在生计策略与土地利用行为的耦合度方面差异不大，原因是2种类型农户虽然均以农业生产作为主要生计活动，但经营规模通常小于专业农业型，专业性较弱，并且农业兼业型农户除了从事农业生产，还进行非农活动，因此生计策略与土地利用行为之间的关联性低于专业农业型农户；非农兼业型农户以非农生产为主，农业生产为辅，其生计资本的分配主要侧重非农活动，经营土地并不是生计的重点，因此该类型农户的生计策略与土地利用行为之间的关联性较弱，耦合度值较低。

表5-2　农户生计策略—土地利用行为系统耦合度和耦合协调度评价结果

生计策略类型	生计策略评价指数 $f(x)$	土地利用行为评价指数 $g(y)$	综合评价指数 T	耦合度 C	耦合协调度 D
传统农业型	0.269 1	0.423 9	0.346 5	0.478 5	0.406 3
专业农业型	0.469 8	0.774 1	0.622 0	0.480 7	0.545 9
农业兼业型	0.333 5	0.546 2	0.439 9	0.479 3	0.460 1
非农兼业型	0.380 7	0.432 5	0.406 6	0.477 9	0.439 7

　　总体来看，对照耦合度划分等级，4种类型农户的耦合度值主要集中在0.4~0.5范围内，属于拮抗阶段。其中，专业农业型农户耦合度最高，表明该类型农户生计策略与土地利用行为之间的关联性最强，二者之间的相互作用关系在未来会很快进入磨合期，趋向一种新的良性耦合发展阶段。

2. 农户生计策略—土地利用行为系统耦合协调关系分析

耦合协调关系方面，不同类型农户生计策略与土地利用行为之间的耦合协调度差异较为明显，其大小顺序为专业农业型、农业兼业型、非农兼业型、传统农业型。主要原因是专业农业型农户的人均耕地面积较大，青浦区农业技术中心的相关人员会定期对规模化经营农户进行农业培训或技术指导，使其耕作更为科学，以合理的投入获取最大的产量，利用更多先进的农业机械(如滴灌设备、打药机等)实现农业现代化经营，因此，土地利用的生态效应和经济效应较高；除此之外，该类型农户的家庭务农人数、人均耕地面积和农业机械化指数3项社会效应指标均处于较高水平，因此，专业农业型农户的土地利用效应在4种类型农户中最高，为0.774 1。由于规模效应，该类型农户在自然资本、物质资本和金融资本等方面具有显著优势，并且，专业农业型农户户主文化水平一般较高，年龄多在25~45岁之间，在人力资本方面也存在优势，因此其生计资本总值最高，综合评价指数T值为0.622 0，远高于其他3种类型农户，耦合协调度为0.545 9，表明生计策略与土地利用行为的协调发展水平处于高度耦合协调阶段，二者之间互相促进，和谐发展。农业兼业型农户与专业农业型农户相同，从事农业生产以获取经营利润为目的，受技术、资金、经营规模等条件的限制，土地利用效应略低于专业农业型农户，但其生计资本状况的改善主要依赖农业生产，因此，该类型农户生计策略与土地利用行为的协调发展程度高于传统农业型和非农兼业型农户而低于专业农业型农户，为0.460 1，处于中度耦合协调阶段。非农兼业型农户生计资本总值较高，但由于该类型农户耕地面积相对较小，从事农业生产主要以满足自身需要为目的，耕地利用比较粗放，因此，土地利用综合效应相对不高，为0.432 5，其生计资本状况的改善并非依赖农业生产，农户生计策略与土地利用行为之间的协调发展程度为0.439 7，也处于中度耦合协调阶段。传统农业型农户受技术水平的限制，认为投入越多，产出越多，因此，农药和化肥使用量过多，造成土地利用的生态效应和经济效应不高，除此之外，该类农户受传统观念的影响，农业机械使用量不大，因此社会效应也不高，其土地利用效应在4种类型农户中最低，为0.423 9，生计资本总值为0.269 1，也处于最低水平，说明从事农业生产对于农户生计资本状况的改善效果不明显，二者并未向各自有利的方向发展，生计策略与土地利用行为的耦合协调度值最低，为0.406 3，处于中度耦合协调阶段。

总体来看，对照耦合协调度划分等级，专业农业型农户的生计策略和土地利用行为2个子系统之间的耦合协调度最高，处于高度耦合协调阶段，二者呈良性协调发展状态；其余3种类型农户耦合协调度处于中度耦合协调阶段，其中，传统农业型农户的耦合协调度最低。

第二节　农户土地利用行为对生计策略的反馈机理分析

在耦合协调度模型的基础上，计算得出不同生计类型农户的土地利用综合效应以及生计策略和土地利用行为之间的耦合协调度，二者作为农户利用耕地产生的结果，必然会影响农户生计策略的变化。国内相关研究主要侧重农户生计策略对土地利用行为影响或某种单一土地利用行为对农户生计策略的反作用关系，缺乏因土地利用行为不同而引发的综合变化对农户生计策略的反馈机理分析。因此，本书引入斯金纳强化理论，以上海市青浦区为例，探究农户土地利用行为对其生计策略的反馈机理。

通过2016年4月和8月在青浦区对农户进行的有关土地利用行为和生计意愿的两次实地调查，得出如表5-3所示的结果。其中，改变生计策略包括扩大耕地规模和加大耕地投入两个方面的内容。

从表5-3中可以看出，在4种生计类型农户中，随着土地利用效应和耦合协调度值的增大，保持原有生计策略的农户比例随之减小，改变原有生计策略的农户比例随之升高。

表5-3　农户土地利用结果与生计意愿描述统计

生计策略类型	调查户数	土地利用效应	耦合协调度	保持生计策略户数及比例	改变生计策略户数及比例	
					扩大耕地规模	加大耕地投入
专业农业型	9	0.774 1	0.545 9	1（11.11%）	8（88.89%）	5（55.56%）
农业兼业型	134	0.546 2	0.460 1	38（28.36%）	96（71.64%）	42（31.34%）
非农兼业型	87	0.432 5	0.439 7	75（86.21%）	5（5.75%）	9（10.35%）
传统农业型	58	0.423 9	0.406 3	51（87.93%）	7（12.07%）	3（5.17%）

　　根据斯金纳强化理论中对刺激物的分类，结合农户生计意愿统计结果，我们尝试以农户保持生计策略的比例50%为界限，划分积极强化物和消极强化物：对于专业农业型农户和农业兼业型农户，土地利用综合效应和耦合协调度值较高，作为积极强化物对农户起积极强化作用，推进农户扩大耕地规模或加大投入，使之趋向于更大规模的经营；对于非农兼业型农户和传统农业型农户，土地利用综合效应和耦合协调度值相对较低，作为消极强化物对农户起消极强化作用，抑制农户扩大耕地规模或加大投入，使之保持原状或在原有基础上降低原行为的发生率。

　　通过调查发现，出现该现象的原因与农户自身条件及家庭从事农业生产的目标密切相关：专业农业型农户户主文化水平较高，年龄较其他类型农户小，以追求耕地规模经营产生的经济利润为农业生产目标，并且定期接受当地农业技术中心的相关培训，故土地利用综合效应在4种类型农户中最高，为0.774 1，生计策略与土地利用行为的耦合协调性好，耦合协调度为0.545 9。加之青浦区对规模经营农户实施的各项耕地补贴政策的促进作用，该类农户愿意继续扩大原有规模或加大农地投入以期获取更高的经济利益。农业兼业型农户与专业农业型农户相同，以粮食出售获取利润为农业生产目标，因其耕地规模和农业技术水平低于专业农业型农户，因此土地利用综合效应和耦合协调度值稍低，分别为0.546 2和0.460 1，二者作为积极强化物使得趋向于规模经营的农户比例也保持较高的水平。

传统农业型农户一般为年纪较大的老人，与子女分开生活，受资本、年龄、文化水平等条件的限制，土地利用综合效应不高，为0.423 9，生计策略与土地利用行为的耦合协调性差，因此，受客观条件所限，该类型农户扩大耕地面积或加大耕地投入的意愿不强烈，保持原有生计策略的农户比例较其他类型农户高，为87.93%。非农兼业型农户的耕地利用较为粗放，土地利用综合效应不高，为0.432 5，但其从事农业生产主要以满足家庭需要为目标，无须改变原有的生计策略，故保持原有生计策略的农户占比较高。

第三节 小 结

农户生计策略—土地利用行为系统是一个相互作用、相互影响的复杂系统。本章从人地系统的角度出发，将农户生计策略和土地利用行为作为2个子系统，借鉴物理学中的容量耦合协调度模型，以上海市青浦区为例，构建了农户生计策略—土地利用行为耦合协调度模型，探究二者之间的相互作用关系及其协调发展水平；在此基础上，引入斯金纳强化理论，分析农户土地利用行为对生计策略的反馈机理。主要研究结论如下：

（1）不同类型农户在生计策略与土地利用行为的耦合关系和耦合协调关系方面存在差异。耦合关系方面，不同类型农户的耦合度集中在0.4~0.5范围内，属于拮抗阶段，其中，专业农业型农户最高，为0.480 7，表明该类型农户生计策略与土地利用行为之间的关联性最强；耦合协调关系方面，专业农业型农户耦合协调度为0.545 9，处于高度耦合协调阶段，表明其生计策略与土地利用行为的协调发展状态良好，具有较高的可持续性，其余3种类型农户耦合协调度集中在0.4~0.5范围内，处于中度耦合协调阶段。

（2）农户生计策略与土地利用行为协调发展程度的高低以及土地利用效应

对农户生计策略有显著影响。依据斯金纳强化理论，对于专业农业型和农业兼业型农户，土地利用效应和耦合协调度较高，作为积极强化物对农户起积极强化作用，促使 50% 以上的农户趋向更大规模的经营方向发展；对于非农兼业型和传统农业型农户，土地利用效应和耦合协调度相对较低，则作为消极强化物对农户起消极强化作用，抑制 50% 以上的农户扩大耕地规模或加大耕地投入。出现该现象的原因与农户自身条件及家庭生计目标密切相关。

（3）专业农业型农户在生计资本、土地利用效应以及生计策略与土地利用行为的耦合协调度等方面均优于其他类型农户，表明专业农业型的生计策略有利于提高农户的生计水平和促进耕地资源的合理利用。调查结果显示，71.64%的农业兼业型农户在今后的农业生产中有继续扩大耕地面积的意向，说明专业农业型的生计策略对农户有较大的吸引力。

第六章 不同经济发展水平地区农户生计策略 与土地利用行为比较研究

在我国快速城镇化背景下，不同地区之间的经济发展水平存在较大差别，并且农业管理模式和地区政策各不相同，因此，农民采取的生计策略和土地利用行为在不同地区之间也是各异的。本书以上海市青浦区、长沙市长沙县和固原市彭阳县为例，对不同经济发展水平地区的农户生计策略与土地利用行为特征进行比较研究。其中，重点分析不同地区农户的生计资本状况、种植选择行为、土地投入行为以及土地利用效应，可以为进一步通过情景分析方法构建研究区农户可持续生计策略和土地利用行为模式提供借鉴。

第一节 研究区概况与数据收集

一、研究区概况

长沙县地处长沙市中部，湖南省东部（112°56′~113°36′E，27°54′~28°38′N），属洞庭湖粮食主产区。该县面积1 996.66 km²，境内地势由北、东、南三面逐渐向中西部倾斜，形成一个不规则的"簸箕"形状。长沙县地处东亚季风区，属亚热带湿润气候，气候温和，降水充沛，雨热同期，四季分明，年平均气温为18.3℃。长沙县辖星沙街道等5个街道以及开慧镇等13个镇。近年来，随着长沙县经济的持续较快发展以及居住环境的持续向好，人口净流入规模不断扩大，常住人口快速增长，特别是《长沙市常住户口登记管理规定》新政全面实施后，人口迁徙更加自由快捷，城镇化进程稳步推进。据统计，2016年年末，长沙县常住人口为94.58万人，比2001年的76.35万人增加18.23万人，年均增长率为1.44%；户籍人口76.49万人，其中非农人口41.53万人，占户籍人口总数的54.29%。长沙县2016年实现地均生产总值0.72亿元／km²；实现粮食总产量548 600 t，粮食播种面积83 000 hm²，其中水稻种植面积72 400 hm²。

彭阳县地处宁夏回族自治区固原市东南部边缘，六盘山东麓（106°32′~106°58′E，35°41′~36°17′N），土地总面积为3 238.31 km²，海拔大部分在1 248 m~2 481 m 之间。该县地处西北黄土高原东部黄土丘陵区，属温带半干旱气候区，年平均气温在7.4~8.5 ℃之间，日照充足，但昼夜温差大，降水偏少，灾害性天气较多，当地有"十年九旱"的说法。该县辖白阳镇等4个镇和新集乡等8个乡。由于山区整体生态环境恶劣、资源匮乏、交通闭塞，造成该地区经济落后、人民生活贫困。为改善人民生活、减轻人口压力，宁夏于2001年起实施生态移民工程，并且较为发达的北部川区吸引了更多南部山区的年轻劳动力迁入，因此，彭阳县常住人口数量不断下降，由2001年的24.68万人减少为2016年的19.66万人，年均下降率为1.53%。彭阳县2016年实现地均生产总值0.01亿元／km²；实现粮食总产量21.29万 t，粮食播种面积5.27万 hm²，其中玉米种植面积2.83万 hm²，薯类种植面积1.20万 hm²。

二、数据收集

1．调研数据

长沙县农户生计策略和土地利用行为相关数据是在2017年7月对该县农户进行的实地调研中获取的。同样基于抽样点具有代表性的原则，分别从北部、中部和南部选取金井镇、果园镇和黄兴镇3个镇，每个镇随机选取3个村，共发放360份关于农户生计和土地利用行为的调查问卷，问卷内容同青浦区。回收有效问卷356份，回收率为98.9%。

彭阳县农户生计策略和土地利用行为相关数据是在2017年10月对该县农户进行的实地调研中获取的。基于抽样点具有代表性的原则，分别从北部、中部和南部选取王洼镇、草庙乡和白阳镇3个镇，每个镇随机选取3个村，共发放368份有关农户生计和土地利用行为的调查问卷，问卷内容同青浦区。回收有效问卷360份，回收率为97.8%。

调研小组在调查中采用的是参与式调查法，具体过程是：首先与每个村的村主任或村支书等进行访谈，以便了解目前本村农户的整体情况，并依此确定农户生计策略类型及其比例。其中，生计策略类型的划分按照上海市青浦区分类标准。然后，依据农户生计类型比例，随机选取各类农户就有关生计策略和土地利用行为等内容进行面对面深入交流，每户农户大约需要1 h~2 h，并向有关专家进行了咨询，以保证数据的可靠性。

2．统计数据

在不同经济发展水平地区的耕地利用集约度评价、土地利用效应评价及其障碍因子识别等研究中，相关农业基础数据来自《青浦区统计年鉴》(2002—2017)、《上海市青浦区国民经济和社会发展统计公报》(2001—2016)、《长沙统计年鉴》(2002—2017)、《长沙市国民经济和社会发展统计公报》(2001—2016)、《湖南农村统计年鉴》(2002—2017)、《宁夏回族自治区统计年鉴》(2002—2017)、《固原市国民经济和社会发展统计公报》(2001—2016)。

第二节　不同地区农户生计资本结构特征及其差异分析

依据DFID可持续生计框架理论，生计资本是该框架的核心，是人们选择生计策略和抵御风险的基础，也是其获得积极生计成果的必要条件，由此可见生计资本的重要研究意义。本书首先对不同经济发展水平地区农户的生计资本结构特征进行定量化比较，然后运用单因素方差分析法探究同种生计策略类型农户的生计资本在不同地区之间的差异。

一、研究方法

1．农户生计资本量化指标体系构建

在上海市青浦区农户生计资本定量化研究中，按照 DFID 可持续生计框架，并参考李小云等设计的适合中国农户生计资本量化的指标体系，结合青浦区自然条件、经济发展水平和农户自身特点等实际情况，本书设定了一系列生计资本量化指标（见表3-3）。通过对3个案例区有关农户生计资本状况的实地调查，发现彭阳县大部分农户均饲养牛或羊等，长沙县也有较多农户养殖猪等，可见牲畜是两个地区农户重要的生计资本。因此，本书对已构建的青浦区农户生计资本量化指标体系进行如下调整：将原有的"生产性工具数量"和"耐用消费品数量"等2个指标合并为"固定资产数量（P2）"，计算公式为"P2 = 家庭拥有的生产性工具数量 + 耐用消费品数量"；然后在物质资本中加入"牲畜数量（P3）"指标，并借鉴相关研究成果，确定其计算公式为"P3 = 牛 ×5+ 猪×1+ 羊 ×1"。其余指标及其计算公式不变。

2．生计资本量化

（1）生计资本指标标准化。标准化方法采用极差标准化法。

（2）生计资本指标权重确定。指标权重确定方法包括主观方法和客观方法，两者各有利弊。主观方法注重发挥人的作用，是建立在对研究背景充分了解的基础上进行的；而客观方法的特点是基于原始数据确定指标权重，能够避免人的主观片面性。在某些小尺度范围内，相关文献通常针对其特殊性采用客观方法、主观方法或主客观相结合的方法来确定指标权重以进行科学细致的研究[140]。而对大尺度范围内几个不同地区进行比较研究时，由于不同地区的数据集特点存在较大差异，因此，分别采用客观方法会导致彼此之间的权重不统一；若分别采

用主观方法，由于不同地区相关专家、技术人员以及农民的偏好不同，仍然会导致指标权重的不一致，使得计算结果不具有可比性，故需要一套全国范围内的普适性标准[141]。李小云等基于 Sharp 在非洲开展的生计资本量化研究，设计了一套适合中国农村农户的生计资本量化指标体系，因此，本书借鉴该方法对青浦区、长沙县和彭阳县等农村农户的生计资本指标权重进行统一赋值（见表6-1），以确保不同地区之间的可比性。

表6-1 生计资本量化指标权重

准则层	指标层	符号	指标属性	权重
自然资本（N）	户均拥有耕地面积	N1	+	0.50
	户均实际耕种面积	N2	+	0.50
人力资本（H）	家庭整体劳动能力	H1	+	0.50
	户主受教育程度	H2	+	0.25
	户主年龄	H3	−	0.25
物质资本（P）	住房情况	P1	+	0.50
	固定资产数量	P2	+	0.25
	牲畜数量	P3	+	0.25
金融资本（F）	户均家庭年收入	F1	+	0.50
	补贴机会	F2	+	0.25
	信贷机会	F3	+	0.25
社会资本（S）	家中有无干部	S1	+	0.50
	参加社区组织	S2	+	0.50

（3）生计资本核算，具体步骤见前文。

3．单因素方差分析法

单因素方差分析法是用来研究单个控制变量的不同水平是否对观测变量产生了显著影响的统计方法，在青浦区不同生计策略类型农户土地流转行为差异分析中采用了该方法。本书在此运用同样的方法来检验同种类型农户的生计资本在不同地区之间是否存在差异，即"地区"这项分类因素是否对农户生计资本的大小有显著影响。其中，在区域间两两比较的差异检验中，若组间方差满足齐性，采用 S-N-K 法；若不满足，则采用 Tamhane's T2法。

二、结果分析

1．不同地区农户生计策略类型及其比例

如表6-2所示，在青浦区样本农户中，除去非农型农户，79.34%的农户的生计活动与农业生产有着密切联系，主要原因是为治理土地抛荒现象、鼓励农民从事农业生产活动，青浦区政府相关部门于2006年出台了土地流转规范性文件，并制定了一系列农业补贴政策，极大提高了农民从事农业生产的积极性。其中，农业兼业型农户比例最高，为36.91%。专业农业型农户是由于土地流转政策实施而产生的新型农业生产主体，有利于合理利用土地资源和提高农民收入水平。

表6-2　3个案例区农户生计策略类型及其比例

农户生计策略类型	青浦区		长沙县		彭阳县	
	户数	比例	户数	比例	户数	比例
传统农业型	58	15.98%	46	12.92%	88	24.44%
农业兼业型	134	36.91%	82	23.03%	182	50.56%
非农兼业型	87	23.97%	160	44.94%	54	15.00%
非农型	75	20.66%	64	17.98%	36	10.00%
专业农业型	9	2.48%	4	1.12%	0	0
总计	363	100%	356	100%	360	100%

在长沙县样本农户中，非农兼业型农户比例最高，为44.94%，主要原因是该县城镇化速度不断提高，吸引了大批农户参与到非农活动中来，农业生产逐渐成为副业。但非农型和专业农业型农户的比例较低，可以看出，长沙县作

为粮食主产区，当地农户对土地的依赖性较强，虽然存在土地流转现象，但大部分农户仍留有部分土地。

在彭阳县样本农户中，农业兼业型农户比例最高，为50.56%，超过了总样本的一半，但这与青浦区的情况有所不同：彭阳县城镇化水平不高，2016年仅为30.91%，因此非农型和非农兼业型农户比例较低，说明其农户主要依靠农业生产维持生计，土地流转现象不多，并且受该县特殊地理条件的限制，无法进行大面积连片农业生产活动，所以不存在专业农业型农户。而彭阳县自然条件恶劣，结果导致当地农民生活贫困。

由此可得，3个案例区的农户生计状态处于城镇化的不同发展阶段，彭阳县处于城镇化初期阶段，农户仍然主要依靠农业生产维持生计；长沙县处于中期阶段，农户开始参与非农活动，以兼业型生计策略居多，农业规模化经营模式开始形成；青浦区处于后期阶段，大部分农户进城定居，留在农村的农户以农业生产为主，专业农业型农户开始增多。

2．不同地区农户生计资本总体特征比较分析

根据以上研究方法计算得出农户生计资本单项值和总值，分别对各地区农户生计资本取均值作为其代表数值。结果显示，不同地区农户在单项生计资本和总值方面既有相同点，又存在明显差异（见图6-1）。

如图6-1所示，对3个案例区的农户而言，在5种生计资本中，人力资本和物质资本均处于较高水平，说明这2种资本在很大程度上影响着农户的生产和生活方式，能够有效提高农户的生计水平，实现积极的生计目标；而社会资本在3个案例区中均较低，说明该类型资本对农户生计改善的影响不大。

在自然资本和金融资本方面，3个案例区农户之间的差异较大，主要表现为：农户自然资本从东部的青浦区到西部的彭阳县呈递增趋势，显示出我国人均耕地面积东少西多的耕地特征；金融资本则从东部的青浦区到西部的彭阳县呈递减趋势，表现出我国经济发展水平东高西低的经济特点；除金融资本外，彭阳县农户在社会资本、人力资本和物质资本等方面均低于青浦区和长沙县，说明彭阳县在这4个方面还有待提高。

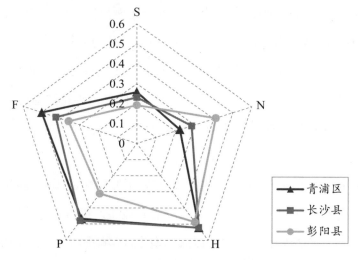

图6-1　不同地区农户生计资本现状值

从整体来看，3个案例区的农户生计资本状况均存在不平衡现象，与理想化的资产五边形有一定差距，农户生计资本总值由东向西呈阶梯状下降趋势：青浦区（1.906 4）＞长沙县（1.873 8）＞彭阳县（1.806 5）。

3．同种类型农户的生计资本在不同地区的差异分析

由表6-3可知，在生计资本总值方面，各类型农户的生计资本总值在不同地区均呈现相同的规律：传统农业型＜农业兼业型＜非农型＜非农兼业型＜专业农业型。这说明：在城镇化背景下，农户生计策略由传统农业型演变为优于它本身的其他4种类型，符合农户追求可持续生计目标的要求；非农化和农业专业化程度越高，农户生计资本总值也越高。地区间两两比较结果显示，同一生计策略类型农户在不同地区间并无明显差异，从侧面反映出生计策略类型划分标准的普适性以及地区间指标的可比性。

表6-3　不同地区各类型农户生计资本现状值及差异检验

农户生计策略类型	案例区	生计资本					
		自然资本	人力资本	物质资本	金融资本	社会资本	总值资本
传统农业型	青浦区	0.157 9^A	0.272 9^A	0.409 2^A	0.450 8^A	0.134 8^A	1.425 6^A
	长沙县	0.221 3^B	0.280 6^A	0.392 6^A	0.374 0^B	0.105 1^A	1.373 6^A
	彭阳县	0.407 1^C	0.256 0^A	0.280 6^B	0.358 4^B	0.066 0^A	1.368 1^A
农业兼业型	青浦区	0.266 1^A	0.532 5^A	0.425 5^A	0.509 3^A	0.092 2^A	1.825 6^A
	长沙县	0.236 3^B	0.510 7^A	0.530 4^B	0.449 1^{AB}	0.106 0^A	1.832 5^A
	彭阳县	0.395 5^C	0.456 2^A	0.562 4^B	0.405 6^B	0.062 7^A	1.882 4^A
非农型	青浦区	0.116 4^A	0.611 4^A	0.455 0^A	0.413 6^A	0.433 3^A	2.029 7^A
	长沙县	0.191 2^B	0.608 5^A	0.441 0^A	0.331 0^B	0.406 7^A	1.978 4^A
	彭阳县	0.397 0^C	0.584 1^A	0.397 2^B	0.250 3^C	0.338 9^A	1.967 5^A
非农兼业型	青浦区	0.121 0^A	0.600 5^A	0.442 1^A	0.472 2^A	0.428 9^A	2.064 7^A
	长沙县	0.202 3^B	0.582 6^A	0.4376^A	0.375 0^B	0.413 5^A	2.011 0^A
	彭阳县	0.392 7^C	0.548 5^A	0.391 2^B	0.381 4^B	0.294 4^A	2.008 2^A
专业农业型	青浦区	0.478 4^A	0.491 1^A	0.510 0^A	0.629 2^A	0.077 7^A	2.186 4^A
	长沙县	0.512 3^A	0.523 3^A	0.485 7^A	0.575 7^A	0.076 1^A	2.173 1^A
	彭阳县	—	—	—	—	—	—

注：不同的字母上标表示同一生计策略类型农户的生计资本单项值或总值在不同区域间的差异有统计学意义（$P < 0.05$），上标中含有相同字母的表示区域间差异无统计学意义。

在单项生计资本方面，同一生计策略类型农户的人力资本和社会资本在地区间均无明显差异，说明同种生计类型农户的家庭人员构成以及获得的外部支持与帮助在3个案例区间存在相似性。专业农业型农户的单项生计资本在青浦区和长沙县之间也无明显差异，说明该类型农户在两地区间只存在数量上的差异性，而在质量上具有同一性。

其余4种生计类型农户在自然资本、物质资本和金融资本等方面存在不同程度的差异性：自然资本方面，同种生计类型农户均分为3个等级，说明两两之间的差异存在统计学意义，反映出3个案例区人均耕地资源的差异。物质资本方面，传统农业型、非农型、非农兼业型农户均分为2级，青浦区和长沙县划为一级，彭阳县单独划为一级；而农业兼业型农户的物质资本在青浦区单独为一级，长沙县和彭阳县为一级，分析原因为彭阳县农业兼业型农户同时拥有窑洞和砖瓦房以及饲养牲畜的家庭户数较多，因此住房情况和牲畜数量得分较高，并且长沙县农户在牲畜数量方面与彭阳县差异不大，因此二者在物质资本方面无明显差异。由于青浦区属于水源地(淀山湖)保护区，饲养牲畜的家庭户数不多，所以，该区农户的物质资本低于长沙县和彭阳县。金融资本方面，青浦区各生计类型农户明显高于长沙县和彭阳县，说明经济发展水平越高的地区，其工资水平也越高。在传统农业型和非农兼业型农户中，青浦区为一级，长沙县和彭阳县为一级；在农业兼业型农户中，青浦区和彭阳县存在明显差异，长沙县为过渡地区，与其他2个地区均无显著差异；非农型农户的金融资本分为3级，说明该类型农户的生计资本在不同地区之间存在明显差异。

第三节 不同地区农户土地利用行为及其效应差异分析

为便于研究，本书以各案例区的农户整体作为研究对象，首先对农户的种植选择行为进行统计分析，并运用二分类逻辑回归模型得出彭阳县农户冬小麦种植决策的影响因素；然后，从耕地集约利用的角度对农户土地投入行为进行综合评价，并运用岭回归模型分析各地区农户耕地集约利用的驱动因素；最后，采用TOPSIS模型对各案例区农户的土地利用效应进行评价与分析，并运用障碍度模型对各案例区土地利用中的障碍因子进行识别。

一、种植选择行为

1. 不同地区农户种植选择行为比较分析

通过对3个案例区农户种植选择行为的实地调查与统计，得出各地区农户主要农作物种植种类、种植模式及其比例和作物熟制(见表6-4)。

表6-4　不同地区农户的农作物种植选择

代表案例区	主要农作物种类	主要种植模式及其比例	作物熟制
青浦区	单季稻、冬小麦、蔬菜、绿肥	单季稻(9.38%)	一年一熟
		单季稻＋绿肥(27.43%)	一年两熟
		单季稻＋绿肥＋冬小麦(40.63%)	一年两熟
		蔬菜(3.82%)	一年多熟
		蔬菜＋绿肥(14.24%)	一年多熟
		其他(4.51%)	—
长沙县	单季稻、双季稻、蔬菜	单季稻(49.32%)	一年一熟
		双季稻(26.03%)	一年两熟
		单季稻＋双季稻(9.59%)	一年两熟
		单季稻/双季稻＋蔬菜(5.14%)	一年多熟
		蔬菜(6.85%)	一年多熟
		其他(3.08%)	—
彭阳县	春玉米、冬小麦、小秋杂粮、洋芋、胡麻	春玉米＋冬小麦＋小秋杂粮/洋芋/胡麻(62.35%)	一年一熟
		春玉米＋小秋杂粮/洋芋/胡麻(34.88%)	一年一熟
		其他(2.78%)	—

注：在计算各种植模式所占比例时，农户总户数＝各案例区样本农户－非农型农户。

由表6-4可知，由于各地区自然条件和相关农业政策的不同，农户的种植选择行为存在差异。

(1)青浦区以单季稻、冬小麦、蔬菜和绿肥等为主要农作物，主要种植模式为"单季稻＋绿肥＋冬小麦"，作物熟制为一年两熟，占该区从事农业生产农户的40.63%；其次为"单季稻＋绿肥"的种植模式，占比为27.43%。该区为培肥地力，制定了种植绿肥和冬前深翻等相关补贴政策，并规定冬小麦种植比例不得超过耕地面积的40%，提高了农民参与土地保护行动的积极性，因此，该区种植绿肥的农户较多。但由于种植小麦获取利润高于绿肥，故仍有大部分农户选择在冬季种植较小比例的小麦。

（2）在长沙县，农户种植的主要农作物包括单季稻、双季稻和蔬菜等。作为我国双季稻适宜区，该县"双季稻"种植模式占比仅为26.03%，而以"单季稻"的种植模式为主，作物熟制为一年一熟，占比为49.32%。刘朝旭的研究结果表明种植双季稻的比较效益低、农地规模限制、劳动力缺乏和灌溉条件制约等因素的共同作用造成长沙县农户双季稻种植动力不足，最终导致"双改单"现象的出现。

（3）彭阳县以春玉米、冬小麦、小秋杂粮、洋芋和胡麻等作为主要农作物。其中，"春玉米＋冬小麦＋小秋杂粮／洋芋／胡麻"的种植模式占比最高，为62.35%，作物熟制为一年一熟。通过实地调查发现，近年来农户在冬季种植小麦的面积逐渐下降，有些农户甚至取消了冬小麦的种植，"春玉米＋小秋杂粮／洋芋／胡麻"的种植模式占比升高，为34.88%，这与农户自身条件及其生计特征有关，具体影响机理需要通过建立数学模型来定量分析。

2. 彭阳县农户冬小麦种植决策影响因素分析

上文指出，近年来，彭阳县减少甚至取消小麦种植的农户增多，实地调查发现这与农户自身条件及其生计特征有关。因此，本书分别从农户的人口特征、经济特征、资源禀赋特征以及生计特征等方面共选取10个指标构建农户冬小麦种植决策影响因素指标体系(见表6-5)，运用二分类逻辑回归模型来解析其具体影响机理。

二分类逻辑回归模型适用于因变量为二分类的分类变量或是某事件发生率的回归分析。在本书中，设定 $Y=1$ 时，表示农户种植小麦；$Y=0$ 时，表示农户不种植小麦。其模型一般形式为：

$$Logit(p) = \ln \frac{p}{1-p} = \beta_0 + \sum_{k=1}^{k} \beta_k x_k \tag{6-1}$$

表6-5　农户冬小麦种植决策影响因素指标体系

准则层	指标层	符号	计算方法
人口特征	户主年龄	X_1	按 2017 年实际调查数据（岁）
	户主受教育程度	X_2	赋值法：文盲为 0；小学为 0.2；初中为 0.4；高中或中专为 0.6；大学及以上为 1
	家庭整体劳动能力	X_3	$X_3 = X_{31} \times 0 + X_{32} \times 0.3 + X_{33} \times 0.5 + X_{34} \times 1 + X_{35} \times 0.5$
经济特征	户均家庭年收入	X_4	$X_4 =$ 家庭年现金收入（万元）
	农业收入比重	X_5	$X_5 =$ 农户农业收入 / 年总收入 $\times 100\%$
	农业补贴	X_6	$X_6 = 2017$ 年农户获得的农业补贴金额（元）
资源禀赋特征	耕地面积	X_7	$X_7 =$ 农户实际耕种面积（hm^2）
	投入产出比	X_8	$X_8 =$ 粮食作物全年总投入金额 / 总产出金额
	土壤条件	X_9	打分法：设为 0-5 分，5 分为最好
生计特征	是否兼业	X_{10}	设为二分变量：兼业 =1，非兼业 =0

注：X_{31} 为无劳动能力者和10岁以下的孩子；X_{32} 为 11~14 岁的孩子；X_{33} 为 15~17 岁的孩子；X_{34} 为 18~60 岁的成年人；X_{35} 为 60 岁以上的老人。其中，18 岁以上在外上大学学生为 0.3。在指标"是否兼业"中，兼业类型包括农业兼业型和非农兼业型；非兼业类型仅包括传统农业型，非农型农户由于无地而不涉及此项研究。

式中，p 表示农户选择种植冬小麦的概率，$p/(1-p)$ 则为农户选择种植冬小麦和不种冬小麦的概率之比，称为发生比；自变量 x 为 11 项影响因素，β_0 为回归方程的常数项；β_k 为各自变量的回归系数，表示在其他自变量不变的条件下，x_k 每改变 1 个单位，发生比的自然对数值改变量。

应用二分类逻辑回归分析模型，得出彭阳县农户冬小麦种植决策影响因素回归结果（见表6-6）。其中，自变量筛选方法选择 Forward: LR；模型似然比检验显示 $P < 0.001$，说明至少有 1 个自变量的偏回归系数不为 0，该模型拟合是有效的、有意义的。

表6-6　农户冬小麦种植决策影响因素逻辑回归结果

自变量	回归系数B	标准误	Wald 卡方	自由度	P 值	Exp(B)
户主年龄	0.764	0.313	5.947	1	0.015	2.146
户均家庭年收入	−2.089	0.809	6.675	1	0.010	0.124
投入产出比	1.452	0.559	6.752	1	0.007	4.270
是否兼业	−3.752	1.684	4.967	1	0.026	0.023
常量	−6.722	2.713	6.137	1	0.013	0.001

由表6-6可知，户主年龄、户均家庭年收入、投入产出比和是否兼业等自变量是影响农户冬小麦种植决策的显著因素。其中，户主年龄和投入产出比的回归系数为正，说明其对冬小麦种植均起正向促进作用。

（1）当其他自变量不变时，户主年龄每增加1个单位，农户选择种植冬小麦和不种冬小麦的发生比（以下简称为发生比）将扩大2.146倍。这与实际情况相符：户主年龄越大，可从事的劳动越有限，故转为从事农业生产活动，种植小麦多为满足家庭生活需要。

（2）P值可知，投入产出比的影响作用在入选的4项影响因素中最为显著（$P=0.007$），当其他自变量不变时，投入产出比每增加1个单位，发生比将扩大4.270倍。在彭阳县，冬小麦平均亩产300斤，而玉米平均亩产1 000斤。投入产出比越高，说明农户倾向种植成本高、产量低的冬小麦，通过调查发现，种植冬小麦的农户多为满足自身需求，而非以市场供应为生产目标；投入产出比越低，则表明农户更加注重追求生产利润，因此倾向种植成本低、产量高的农作物，如春玉米，而放弃种植冬小麦。

户均家庭年收入和是否兼业的回归系数为负，说明二者对冬小麦种植均起反向抑制作用。

（1）当其他自变量不变时，户均家庭年收入每增加1个单位，发生比将缩小0.124倍。户均家庭年收入越高，表明农户主要收入来源为非农收入或其他收入，因此对冬小麦的种植积极性不高。

（2）当其他自变量不变时，若农户选择兼业型生计策略，发生比将缩小0.023倍。通过调查发现，在彭阳县兼业型农户（农业兼业型和非农兼业型）中，从事畜牧养殖的农户比例较大，因此对玉米秸秆的需求量高，以玉米为主要种植作物，而冬小麦种植户数较少；非兼业型农户（传统农业型）受劳动能力限制，牲畜养殖数量少，对玉米秸秆需求量低，因此选择种植冬小麦的户数比例较大。

二、土地投入行为

在第四章中，我们采用耕地利用集约度这一指标来表征农户的耕地投入行为。同理，本书采用该指标来探究不同经济发展水平地区农户耕地投入行为的时空特征，并运用岭回归模型分析不同地区耕地集约利用的驱动因素，这对于深入了解不同地区农户耕地投入行为对经济发展水平的响应状态、因地制宜地制定农区发展战略具有重要的参考价值。

1．研究方法

（1）耕地利用集约度测算方法。与青浦区农户耕地利用集约度计算方法不同的是：由于生产资料和劳动力价格的时空差异很大，因此未采用价值形态的测度方法，而改为实物形态测度法，并与综合指标法相结合。

基于耕地利用集约度的含义，并结合数据的可获取性，本书分别从劳动力和资本等方面选取单位耕地面积农业劳动力投入（ALFI）、农业机械动力投入（AMPI）、化肥投入（CFI）、农药投入（ACI）和农膜投入（AFI）5项评价指标。

为消除量纲不同对量化结果的影响，本书采用极差标准化法对原始数据进行标准化处理。在指标权重确定方面，分别采用客观方法或主观方法均会导致不同地区之间的结果不具有可比性，但目前并没有一个全国范围内的普适性标准，因此，本书借鉴小尺度的研究方法，将三个案例区作为一个整体，统一采用熵权法确定各评价指标权重（见表6-7），以解决不同地区之间指标权重不一致的问题。

表6-7 耕地利用集约度各评价指标权重

评价指标	ALFI	AMPI	CFI	ACI	AFI
权重	0.250 9	0.141 6	0.216 9	0.092 2	0.298 4

在各项指标权重确定的基础上，运用综合指标法计算劳动集约度（LI）和资本集约度（CI），然后得出资本和劳动力投入比例（CLP）以及耕地利用集约度（$CLUI$），公式如下：

$$LI = r_{ALFI}w_{ALFI} \tag{6-2}$$

$$CI = r_{AMPI}w_{AMPI} + r_{CFI}w_{CFI} + r_{ACI}w_{ACI} + r_{AFI}w_{AFI} \tag{6-3}$$

$$CLP = CI/LI \tag{6-4}$$

$$CLUI = LI + CI \tag{6-5}$$

式中，r 为各指标标准化后的数值。

（2）耕地集约利用驱动因素选择。在土地利用变化研究中，驱动力是导致土地利用方式和目的发生变化的物质环境和社会经济等人文要素。在相关文献研究的基础上，本书分别从自然资源、社会经济、政策环境和农业科技等方面选取 8 个指标作为耕地集约利用的驱动因素。耕地集约利用驱动因素指标体系如表 6-8 所示。

（3）耕地集约利用驱动因素回归模型建立。在回归模型建立之前，首先对选取的 8 项驱动因素以及耕地利用集约度进行相关性分析，筛选出与耕地利用集约度存在显著相关关系的主导驱动因素；然后根据主导因素之间的相关性系数判断是否存在多重共线性。若不存在，则采用普通多元线性回归模型，其模型形式一般为：

$$Y_{it} = \beta_{0i} + \beta_1 x_{1it} + \beta_2 x_{2it} + \cdots + \beta_8 x_{8it} \tag{6-6}$$

式中，Y_{it} 表示某 i 地区第 t 年的耕地利用集约度值，$i=1, 2, 3$，分别代表青浦区、长沙县和彭阳县，$t=1, 2, 3, \cdots, 16$；$\beta_{1i}, \beta_{2i}, \cdots, \beta_{8i}$ 分别为某 i 地区耕地集约利用回归模型中入选自变量 $x_{1it}, x_{2it}, \cdots, x_{8it}$ 的回归系数，β_{0i} 表示相应的常数项。

表6-8　耕地集约利用驱动因素指标体系

类别	指标	符号	单位
自然资源因素	人均耕地面积	X_1	hm^2/人
	耕地面积比例	X_2	%
	耕地质量	X_3	t /hm^2
社会经济因素	地均GDP	X_4	10^4元/km^2
	农民人均农业纯收入	X_5	10^4元/人
政策环境因素	农业政策	X_6	—
农业科技因素	农业机械化水平	X_7	kW/hm^2
	灌溉指数	X_8	—

注："耕地质量"的高低以"粮食单产"的多少来表征。"农业政策"采用赋值法：自2004年以来，国家每年都以中央一号文件的形式指导"三农"发展，有效推进了全国农业综合生产能力的提高。因此，将2004年之前的年份赋值为0，包括2004年在内的之后的年份则赋值为1；由于国家一直非常重视粮食主产区的农业发展，特将长沙县2004年以前的年份赋值为1，包括2004年在内的之后的年份赋值为2；青浦区自2013年开始进行农业结构调整，大力开展生态保护，鼓励采取休耕、种植绿肥和减少小麦种植等措施，其农业产业受到了一定程度的冲击，因此，将包括2013年在内的之后的年份赋值为0.5。

若相关分析结果显示主导因素间存在多重共线性，说明此时不能直接使用普通线性回归模型，因为自变量间的多重共线问题会导致最终得到的线性回归模型中的回归系数与实际情况不符，必须采用相应的手段来处理。岭回归模型就是一种专门用于共线性数据分析的有偏估计回归方法，它实际上是一种改良的最小二乘法，通过放弃最小二乘法的无偏性，以损失部分信息、降低精度为代价来寻求效果稍差但回归系数更符合实际的方程。

由于岭回归模型在SPSS中运行时首先会对全部变量进行标准化，因此，其模型输出形式与普通多元线性回归模型稍有不同，即各自变量的回归系数为标准化后的，并且不存在常数项β_{0i}。

2.结果分析

（1）不同地区农户耕地利用集约度时空特征。根据式（6-2）至式（6-5）计算得出3个案例区在2001—2016年间农户资本集约度（见图6-2）、劳动集约度（见图6-3）、资本和劳动力投入比例（见图6-4）以及耕地利用集约度（见图6-5）。

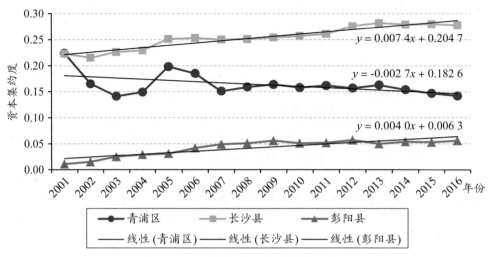

图6-2　不同地区农户资本集约度比较

由图6-2可知，从时间来看：第一，2001—2016年，青浦区农户耕地利用资本集约度总体呈下降趋势。其中，2007年以前波动较大，主要原因是青浦区在2003年以前由于大量农户进城务工而出现土地抛荒或粗放利用现象，因此2001—2003年农户对耕地的资本投入呈现下降趋势；2003年青浦区开始进行土地整治，各镇的农业中心分别负责管理33.33 hm² 土地，耕地资本投入有所增加，到2005年达到最高值；此后随着城镇化的快速发展，该区在2006年出台正式文件《青浦区农村土地承包经营权流转管理暂行办法》，农户成为主要承包人，全区土地开始大面积流转，2007年以后资本集约度有所提升，然后趋于稳定状态。其中，在2013年以后出现明显下降趋势，主要原因是青浦区于该年开始进行农业生产结构调整，大力推进生态保护，提倡冬季深翻休耕、种植绿肥和减少冬小麦种植等，因此，农户的资本集约度逐年下降。第二，长沙县和彭阳县农户资本集约度在2001—2016年间均呈逐年稳步上升趋势，年均增长率分别为2.42%和21.63%。长沙县作为粮食主产区，为保证地区和国家粮食安全，于16年间逐年加大在农业机械、化肥和农膜等方面的投入，因此，其资本投入逐年增加；由于彭阳县自然条件恶劣，雨水较少，土壤贫瘠，灌溉设施不完善等，该地区农民对耕地的农业机械、化肥、农药和农膜等投入在16年间均逐年增加，故资本集约度也逐年增长。

从空间来看，青浦区、长沙县和彭阳县的资本集约度在16年间的平均值分别为0.159 8、0.267 3、0.040 4。可以看出，不同地区农户的资本集约度存在明显差异。分析其原因可能与各地区农作物种类以及轮作模式有关，如长沙县主要种植单季稻和双季稻，青浦区主要种植单季稻，而彭阳县主要种植春玉米。通过实际调查发现，双季稻所需资本投入大约是单季稻的2倍或2倍多一点儿，并且春玉米的资本投入低于单季稻，因此资本投入大小顺序为长沙县、青浦区、彭阳县。

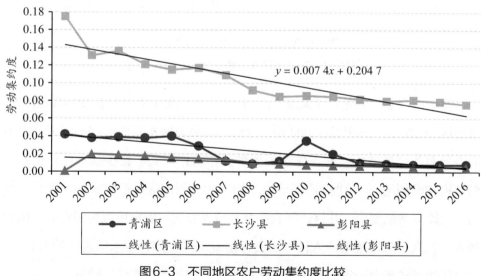

图6-3　不同地区农户劳动集约度比较

由图6-3可知，从时间来看，3个案例区农户耕地利用的劳动集约度在

2001—2016年间均呈逐年下降趋势。其中，青浦区波动较大，分别在2008年和2010年出现了极小值和极大值，主要原因是2008年以前农业从业人员呈逐年下降趋势，到2008年减少到最低，据统计，2008年该区农业从业人员为2.91万人，此后逐年增加，到2010年增加到最高，为4.86万人，2010年以后则呈现逐年降低趋势。根据图6-4显示，资本与劳动力投入比例在3个案例区中均呈现逐年增长趋势，因此，农户劳动力投入逐年减少以及资本与劳动投入比例逐年增加表明未来农业生产中资本投入取代劳动力投入的发展趋势。

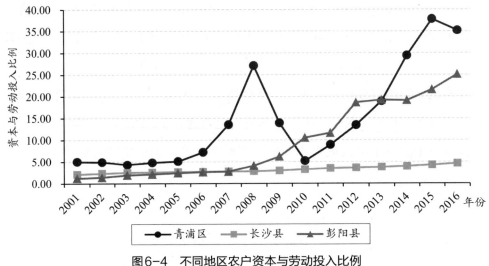

图6-4　不同地区农户资本与劳动投入比例

从空间上看，各地区劳动集约度平均值大小顺序依次为长沙县(0.101 5)、青浦区(0.020 3)、彭阳县(0.008 6)，分析其可能与资本集约度在不同地区之间的差异有类似的原因，即农作物种植种类和轮作模式。长沙县农户在抢收早稻、抢种晚稻的"双抢期间"需要更多的人力；青浦区种植单季稻，因此需要的人力比双季稻要少，并且该区农业技术较为发达，农户可以使用农业机械代替人力投入；彭阳县地广人稀，主要种植春玉米，比种植水稻需要的人力少，并且轮作模式多为一年一熟制，因此该地区农户的劳动集约度较低。

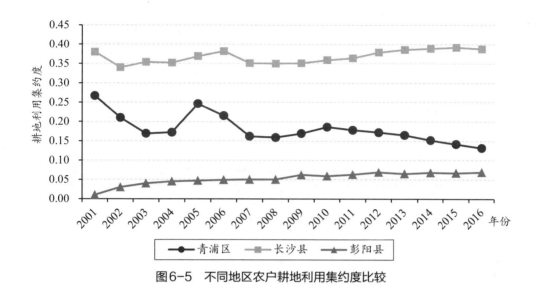

图6-5　不同地区农户耕地利用集约度比较

由图6-5可知，2001—2016年间，青浦区农户耕地利用集约度呈波动下降趋势，而长沙县和彭阳县均呈逐年上升趋势。由于耕地利用集约度由资本集约度和劳动集约度构成，因此，本书尝试通过根据16年间各地区农户资本集约度和劳动集约度的变化趋势拟合的随时间变化的线性回归模型(图6-2和图6-3)来解释耕地利用集约度的整体变化。根据图6-2和6-3显示，青浦区农户耕地利用资本集约度和劳动集约度回归模型的系数均为负（−0.002 7和−0.002 6），说明二者均逐年减少，因此总的耕地利用集约度也呈逐年下降趋势；长沙县农户耕地利用资本集约度回归模型系数为正，为0.007 4，而劳动集约度回归模型系数为负，为−0.005 1，表明该市每年资本集约度的增加值大于劳动集约度的减少值，因此，总的耕地利用集约度呈逐年上升趋势；与长沙县类似，彭阳县资本集约度每年增加0.004 0，而劳动集约度每年减少0.000 9，因此，总的耕地利用集约度也呈逐年升高趋势。以上是从数学角度通过耕地利用集约度的构成来解释其变化，而耕地集约利用的具体驱动因素则需要通过模型来探究。

（2）不同地区耕地集约利用的驱动因素分析。以青浦区为例，首先对耕地利用集约度及其驱动因素进行相关性分析（见表6-9），结果显示耕地面积比例

（X_2）、农民人均农业纯收入（X_5）和农业机械化水平（X_7）等指标与耕地利用集约度（Y）之间的相关性不显著，因此，剔除该3项变量，其余变量作为主导因素进入回归模型。由主导因素之间的相关性分析结果可以看出，它们之间的相关性较强，存在明显的多重共线性，故在此采用岭回归模型以获取有效的回归结果。

表6-9　相关性分析结果

变量	Y	X_1	X_2	X_3	X_4	X_5	X_6	X_7	X_8
Y	1.000								
X_1	0.767**	1.000							
X_2	0.047	0.611**	1.000						
X_3	−0.584*	0.885**	0.860**	1.000					
X_4	−0.901**	−0.933**	−0.464*	−0.533*	1.000				
X_5	0.070	−0.440*	−0.085	−0.075	0.581&	1.000			
X_6	0.895**	−0.515*	−0.436*	−0.465*	0.921**	0.417	1.000		
X_7	0.073	0.365	−0.189	0.293	−0.174	0.099	−0.821**	1.000	
X_8	0.907**	−0.779**	0.818**	−0.610**	−0.590*	−0.665**	−0.703**	−0.504*	1.000

注：* 和 ** 分别表示在5%和1%的统计水平上显著。

　　然后，将5个主导因素作为自变量输入至岭回归模型，得到其岭迹图（见图6-6）。由图6-6可以发现，当 $K < 0.2$ 时，岭回归线波动较大，各主导因素的回归系数不稳定；当 $K \geq 0.2$ 时，岭回归线趋于稳定。因此，本书取 $K = 0.2$ 来进行岭回归分析，得出回归结果如表6-10所示。

　　长沙县和彭阳县耕地集约利用驱动因素模型的拟合过程与青浦区相同。首先对耕地利用集约度及其驱动因素进行相关性分析，结果显示两地区的8项指标均与其耕地利用集约度有显著的相关性，因此全部作为主导因素进入回归模型。由于主导因素之间的相关性较强，存在明显的多重共线性，故采用岭回归模型以得到有效的回归结果（见表6-10）。其中，长沙县 K 取值为0.05，彭

阳县 K 取值为0.20。

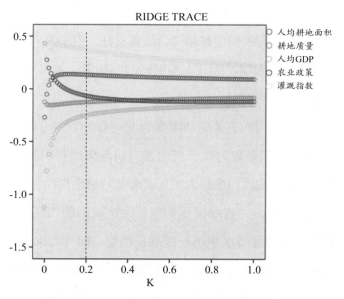

图6-6　耕地集约利用的驱动因素岭迹图

表6-10　不同地区耕地集约利用驱动因素岭回归结果

驱动因素	青浦区	长沙县	彭阳县
人均耕地面积（X_1）	0.134**	−0.242***	0.022
耕地面积比例（X_2）	—	−0.062*	0.085***
耕地质量（X_3）	−0.125*	0.157***	−0.126***
地均GDP（X_4）	−0.249***	0.256***	0.114***
农民人均农业纯收入（X_5）	—	0.092***	0.109***
农业政策（X_6）	0.225***	0.323***	0.156***
农业机械化水平（X_7）	—	0.159***	0.257***
灌溉指数（X_8）	0.369***	0.037	0.105***
R^2	0.954	0.962	0.987
调整后 R^2	0.950	0.959	0.985
F	29.423***	379.663***	539.316***

注：*、**、*** 分别表示在5%、1%和0.1%的统计水平上显著。

由表6-10可知，3个案例区耕地集约利用驱动因素模型的 F 统计量均通过了0.1%的显著性检验，说明模型拟合是有效的、有意义的；调整后 R^2 分别为0.950、0.959和0.985，表明模型整体拟合效果良好。由于大部分驱动因素对耕地集约利用均具有显著影响，因此，根据岭回归结果，本书取回归系数为0.2以上的指标作为主要驱动因素。

青浦区耕地集约利用的主要驱动因素为地均GDP、农业政策和灌溉指数。其中，地均GDP的回归系数为负，表明其对耕地集约利用起负向抑制作用；而农业政策和灌溉指数的回归系数为正，表明其对耕地集约利用起正向促进作用。这与事实相符：第一，青浦区作为东部发达城市的郊区，随着城镇化进程的不断推进，其经济发展水平不断提高，地均GDP由2001年的0.22万元/km²增长到2016年的1.41万元/km²，年均增长率为13.32%。与此同时，该区三次产业结构也在不断优化，第一、二产业比重逐年下降，第三产业比重逐年上升，并成为该区的主导产业。其中，第一产业GDP呈波动下降趋势，由2001年的8.82亿元下降为2016年的8.30亿元，并且近5年一直逐年下降。由此可以看出，青浦区经济发展水平的提高在一定程度上会影响农业生产在区域发展中的战略地位，从而导致耕地集约利用水平的下降。第二，为治理土地抛荒现象，青浦区在2003年开始进行土地整治，于2006年正式出台土地流转相关文件，并制定了一系列农业补贴政策，极大提高了农民从事农业生产的积极性，灌溉指数也有所升高，耕地集约利用水平随之出现了两次升高现象，突出反映了积极的农业政策和良好的灌溉条件对农业集约化生产的导向作用；2013年该区开始进行农业结构调整，大力开展生态保护，鼓励农户进行休耕、种植绿肥或减少小麦种植面积以培肥地力，并且减少了小麦种植补贴，灌溉指数也有所下降，因此对农业生产造成了一定的冲击，农户耕地集约利用水平逐年下降。

长沙县耕地集约利用的主要驱动因素为人均耕地面积、地均GDP和农业政策。其中，人均耕地面积的回归系数为负，表明其对耕地集约利用起负向抑制作用；其余两项因素的回归系数为正，表明其对耕地集约利用起正向促进作用。这与长沙县实际情况相符：第一，在快速城镇化背景下，随着长沙县外来人口的不断增加，人均耕地面积呈逐年减少趋势，而该县作为我国重要的粮食主产区之一，为确保粮食安全，人均耕地面积的减少反而会促使农民增加土地投入，更加集约利用土地。第二，2001—2016年，该县经济发展水平不断提高，主要表现为地均 GDP 的不断增长。虽然该县的第一产业比重也呈逐年下降趋势，但与青浦区不同的是，该县是我国重要的粮食主产区之一，第一产业GDP 呈逐年增长趋势，这说明该县的经济增长对其农业发展具有一定的带动作用而非抑制作用，经济水平的提高使得农民更有能力增加耕地投入从而提高耕地产出水平。由此可以看出，由于地区发展定位的不同，经济发展水平的提高对于农业发展的作用方向也是不同的。除地均 GDP 以外，长沙县农业政策对农业发展的扶持力度加大也促进了农民耕地集约利用水平的提高。

彭阳县耕地集约利用的主要驱动因素为农业机械化水平，其回归系数为正，表明其对耕地集约利用起正向促进作用。这与事实相符：彭阳县位于西部山区，自然环境相对恶劣，耕地大多位于山坡上，称为"坡耕地"，且地块比较分散，不利于大型农业机械作业。近年来该市实施了"坡改梯"的土地整治工程，当地农业机械动力投入有所提高，促进了耕地的集约利用，但与其他2个地区相比仍然有待提高。

三、土地利用效应

耕地利用效应是指单位面积土地投入与消耗在区域发展的生态、经济和社会等方面所实现的物质产出或成果。简单来讲，耕地利用效应就是农户土地利用行为所产生的结果，它能够反映耕地资源是否得到优化配置及其配置程度。因此，耕地利用效应的提高是实现农业可持续发展的关键。国内外许多学者围绕这一主题开展了一系列的研究，如耕地利用的生态效应、经济效应、社会效应和综合效应评价以及耕地利用效应时空分异特征及其驱动力探究等方面[142]。在研究方法上，主要包括专家评分法、成本收益法、综合指标法、主成分分析法、因子分析法等，这些方法中有的主观性较强（如专家评分法），有的则对样本容量要求较高[143]。TOPSIS（Technique for Order Preference by Similarity to Ideal Solution）方法由 Hwang 和 Yoon 于1981年首次提出，是系统工程中有限方案多准则决策分析的一种常用决策技术。该方法在样本容量和数据分布等方面没有严格要求，因此被广泛应用于多个领域。

在研究区域尺度上，关于中国耕地利用效应的已有研究主要侧重对全国、省级或流域等范围内的整体效应评价，而缺乏不同地区之间的对比研究，即使有对比研究也仅仅是省内各地市之间小范围内的差异比较。在我国快速城镇化背景下，在某些地区之间经济发展水平存在较大区别，并且农业管理模式和地区政策也存在差异[144]。因此，农民的土地利用行为也是不同的。

为揭示不同经济发展水平地区农户在耕地利用过程中存在的突出问题与矛盾，本书在已有研究的基础上，以上海市青浦区、长沙市长沙县和固原市彭阳县为例，分别从生态、经济、社会三个方面构建适合的耕地利用效应评价指标体系，运用 TOPSIS 法综合评价并对比分析各地区2001—2016年的耕地利用效应，采用障碍度模型识别影响耕地利用效应的关键性障碍因子，并提出相应的建议，以期为实现各地区耕地资源的可持续利用提供参考依据。

为了与本书中"农户土地利用行为"相对应，在下文中"耕地利用效应"统一用"土地利用效应"来替代。

1. 研究方法

（1）土地利用效应评价指标体系建立。基于科学性、系统性、可行性和代表性等原则，并结合 3 个案例区的实际情况以及数据的可获取性，本书分别从生态效应、经济效应和社会效应 3 个方面选取 9 项指标构建了土地利用效应评价指标体系（见表6-11）。

表6-11　土地利用效应评价指标体系

目标层	准则层	指标层	单位	指标属性
土地利用效应	生态效应	单位土地面积农药投入 x_1	t /hm^2	−
		单位土地面积化肥投入 x_2	t /hm^2	−
		灌溉指数 x_3	%	+
	经济效应	地均种植业产值 x_4	万元 /hm^2	+
		劳均种植业产值 x_5	万元 / 人	+
		农业机械化效率 x_6	万元 / kW	+
	社会效应	人均粮食产量 x_7	t / 人	+
		农民人均纯收入 x_8	元 / 人	+
		人均种植业产值 x_9	万元 / 人	+

（2）TOPSIS 模型。TOPSIS 模型的基本思想是通过定义各评价指标的正理想解和负理想解，求解评价对象靠近正理想解和远离负理想解的程度[145]。本书运用该模型对 3 个案例区的土地利用效应进行评价，步骤如下：

第一，构建评价矩阵。设有 m 个评价指标，n 个评价对象，则土地利用效应原始评价矩阵为：

$$X = \begin{bmatrix} x_{11} & x_{12} & \cdots & x_{1n} \\ x_{21} & x_{22} & \cdots & x_{2n} \\ \vdots & \vdots & \vdots & \vdots \\ x_{m1} & x_{m2} & \cdots & x_{mn} \end{bmatrix} \tag{6-7}$$

第二，数据标准化处理。采用极差标准化法将原始矩阵 X 进行标准化处理得到标准矩阵 R：

$$R = \begin{bmatrix} r_{11} & r_{12} & \cdots & r_{1n} \\ r_{21} & r_{22} & \cdots & r_{2n} \\ \vdots & \vdots & \vdots & \vdots \\ r_{m1} & r_{m2} & \cdots & r_{mn} \end{bmatrix} \tag{6-8}$$

第三，指标权重确定。与上一节中耕地利用集约度指标权重的确定思路相同，在此也将三个案例区作为一个整体，采用熵权法统一确定土地利用效应各项指标的权重。

第四，建立加权决策矩阵。通过标准矩阵 R 与各指标权重 w_i 相结合得到加权决策矩阵 Y。

$$Y = \begin{bmatrix} r_{11} \cdot w_1 & r_{12} \cdot w_1 & \cdots & r_{1n} \cdot w_1 \\ r_{21} \cdot w_2 & r_{22} \cdot w_2 & \cdots & r_{2n} \cdot w_2 \\ \vdots & \vdots & \vdots & \vdots \\ r_{m1} \cdot w_m & r_{m2} \cdot w_m & \cdots & r_{mn} \cdot w_m \end{bmatrix} = \begin{bmatrix} y_{11} & y_{12} & \cdots & y_{1n} \\ y_{21} & y_{22} & \cdots & y_{2n} \\ \vdots & \vdots & \vdots & \vdots \\ y_{m1} & y_{m2} & \cdots & y_{mn} \end{bmatrix} \tag{6-9}$$

第五，确定正、负理想解 Y^+ 和 Y^-。

$$Y^+ = \left\{ \max Y_{ij} \mid i = 1, 2, \cdots, m \right\} = \left\{ y_1^+, y_2^+, \cdots, y_m^+ \right\} \tag{6-10}$$

$$Y^- = \left\{ \min Y_{ij} \mid i = 1, 2, \cdots, m \right\} = \left\{ y_1^-, y_2^-, \cdots, y_m^- \right\} \tag{6-11}$$

第六，计算距离。分别计算各评价对象与正、负理想解 Y^+ 和 Y^- 的距离 D_j^+ 和 D_j^-，公式如下：

$$D_j^+ = \sqrt{\sum_{i=1}^{m} \left(y_{ij} - y_i^+ \right)^2}, D_j^- = \sqrt{\sum_{i=1}^{m} \left(y_{ij} - y_i^- \right)^2}, j = 1, 2, \cdots, n \tag{6-12}$$

第七，计算评价对象与理想解的贴近度。令 C_j 为第 j 个评价对象的土地利用效应与最优方案的接近程度，称为贴近度，其值范围为 [0, 1]。C_j 越大，表明该评价对象的土地利用效应越接近最优水平，当 $C_j=1$ 时，土地利用效应水平最高；当 $C_j=0$ 时，土地利用效应水平最低。贴近度计算公式如下：

$$C_j = \frac{D_j^-}{D_j^+ + D_j^-} \tag{6-13}$$

根据计算得到的各评价对象的土地利用效应贴近度，运用 K- 均值聚类法（K-Means Clustering）进行分级。借鉴已有研究中对土地利用绩效的等级划分，本书将土地利用效应贴近度划分为低级、中级、良好和优质 4 个等级，用以表示土地利用效应水平的高低。

（3）障碍度模型。土地利用的生态、经济和社会效应的全面良好发展是最为理想的状态，但在实际情况中，总会有某些效应指标的水平较低，成为阻碍土地利用效应提升的"短板"，可称之为障碍因素。识别影响区域土地利用效应的主要障碍因素，可以为农户土地利用行为的调整和相关农业政策的制定提出针对性的建议。模型构建方法如下：引入因子贡献度（F_i）、指标偏离度（I_{ij}）和障碍度（O_{ij}）3 个基本变量。其中，因子贡献度 F_i 表示第 i 项指标对总目标贡献程度的大小，一般用指标权重 w_i 来表示；指标偏离度 I_{ij} 表示第 j 个评价对象第 i 项指标的实际值与最优值之间的差距，可以用 1 与各指标标准化值 r_{ij} 之差来表示；障碍度 O_{ij} 表示第 j 个评价对象第 i 项指标对土地利用效应总目标的影响程度。障碍度计算公式如下：

$$O_{ij} = \frac{I_{ij} \cdot w_i}{\sum_{i=1}^{m} I_{ij} \cdot w_i} \tag{6-14}$$

式中，$I_{ij}=1-r_{ij}$。

第 j 个评价对象第 u 个子系统对土地利用效应的障碍度 O_{uj} 计算公式如下：

$$O_{uj} = \sum_{u_i=1}^{u_i} O_{ij} \tag{6-15}$$

式中，u_i 表示第 u 个子系统中的指标数量，$u=1, 2, 3$。

2. 结果与分析

（1）三个案例区土地利用效应比较分析。从图 6-7 中可以看出，青浦区的土地利用效应在 16 年间最高，贴近度平均值为 0.56，长沙县和彭阳县的贴近度平均值分别为 0.43 和 0.28。从变化趋势上来看，青浦区的土地利用效应在 2001—2016 年间呈 M 形波动发展，总体比较平稳，但近 5 年开始呈现略微下降的趋势；长沙县和彭阳县发展趋势比较相似，前期增速比较缓慢，中后期增速加快，土地利用效应呈现逐年上升趋势，到 2016 年，两县土地利用效应贴近度分别是 2001 年的 1.82 倍和 2.09 倍，年均增长率分别为 4.06% 和 5.02%，并且长沙县土地利用效应水平在 2015 年超过青浦区。

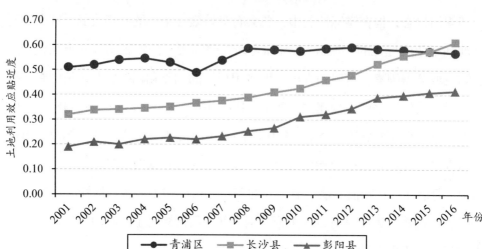

图6-7　2001—2016年三个案例区土地利用效应贴近度

应用 K- 均值聚类法对土地用效应贴近度进行分级的结果如下：低级水平的取值范围为 [0, 0.30]；中级水平的取值范围为 [0.30, 0.45]；良好水平的取值范围为 [0.45, 0.53]；优质水平的取值范围为 [0.53, 1.00]。表6-12显示了3个案例区2001—2016年的土地利用效应贴近度等级划分情况。

表6-12　2001—2016年三个案例区土地利用效应贴近度等级划分结果

案例区	2001	2002	2003	2004	2005	2006	2007	2008
青浦区	3	3	4	4	4	3	4	4
长沙县	2	2	2	2	2	2	2	2
彭阳县	1	1	1	1	1	1	1	1
案例区	2009	2010	2011	2012	2013	2014	2015	2016
青浦区	4	4	4	4	4	4	4	4
长沙县	2	2	3	3	3	3	4	4
彭阳县	1	2	2	2	2	2	2	2

注：1、2、3、4分别代表低级、中级、良好和优质等水平。

如图6-7和表6-12所示，2001—2016年，青浦区的土地利用效应经历了"良好—优质—良好—优质"的循环发展过程，据此可以划分为4个阶段：第1阶段(2001—2002)，青浦区土地利用效应处于良好水平。2003年以前，由于农户外出务工等原因，青浦区出现部分土地抛荒的现象，土地利用效应不高，主要表现为经济效应水平较低。第2阶段(2003—2005)，青浦区土地利用效应处于优质水平。为治理抛荒现象，青浦区在2003年开始进行土地整治，各镇的农业中心分别负责管理33.33 hm² 耕地，耕地利用程度开始提高，生态效应和经济效应明显增长，土地利用效应升级为优质水平。第3阶段(2006)，青浦区土地利用效应处于良好水平。随着城镇化的快速发展，该区在2006年出台正式文件《青浦区农村土地承包经营权流转管理暂行办法》，农户成为主要承包人，全区耕地开始大面积流转，耕地利用结构面临重新调整的局面。同时，青浦区大力实施土地整理复垦工作，耕地面积比2005年增加了约4 000 hm²。由于农业水利设施的普及速度低于耕地面积扩大的速度，因此，当年灌溉指数有所下降。另外，经济效应也因耕地经营者的变化有所下降，人均种植业产值和人均粮食产量等社会效应指标因外来人口的不断增加而降低。因此，2006年是青浦区耕地重新规划和调整的一年，土地利用效应水平低于上一阶段，贴近度为0.48，仅为2003年的85.61%。第4阶段(2007—2016)，青浦区土地利用效应处于优质水平。经过2006年一年的调整，青浦区的土地利用效应逐渐向好，一直稳定在较高的水平，贴近度平均值为0.57。但从2013年开始有略微下降的趋势，主要原因是青浦区在该年起逐步进行农业结构调整，提出休耕、减少小麦种植面积和种植绿肥等农业政策以培肥地力，因此，灌溉指数、种植业总产值、人均粮食产量等指标均减小，导致土地利用效应逐年下降，但仍然处于优质水平。

2001—2016年，长沙县的土地利用效应经历了"中级—良好—优质"的发展过程，据此可以划分为3个阶段：第1阶段(2001—2010)，长沙县土地利用效应处于中级水平。此阶段涵盖了长沙市第十个和第十一个五年计划。在此期间，长沙市取消了农业税和除烟叶以外的农业特产税，促进了农民从事农业生产的积极性，农业产业化程度不断提高。第十个五年中，长沙县土地利用效应贴近度由2001年的0.33提高到2005年的0.35，年均增长率为1.73%；第十一个五年中，长沙县土地利用效应贴近度由2006年的0.36提升为2010年的0.42，年均增长率为3.78%，增速有所提高。但是，农民增收基础依旧不稳，农业基础设施建设和技术发展比较薄弱，限制了土地利用效应的大幅度提高。第2阶段(2011—2013)，长沙县土地利用效应处于良好水平。长沙市于2011年发布了《长沙市国民经济社会发展第十二个五年规划纲要》，强调实行最严格的耕地保护制度，推进农业标准化生产、规模化经营，大力发展现代农业，进入了农业发展的一个新阶段，土地利用效应水平明显提高，贴近度年均增长率为6.17%。第3阶段(2014—2016)，长沙县土地利用效应处于优质水平。此阶段处于长沙市第十二个五年计划末期和第十三个五年计划初期，土地利用效应贴近度由2014年的0.55提高到2016年的0.60，年均增长率为4.92%，增速有所减缓，分析原因可能是土地利用效应已经达到优质水平，故而提升难度加大。

2001—2016年，彭阳县的土地利用效应经历了"低级—中级"的发展过程，据此可以划分为2个阶段：第1阶段(2001—2009)，彭阳县土地利用效应处于低级水平。由于该县欠发达的经济发展水平，特殊的气候和地形条件，以及农作物一年一熟的作物熟制，农户土地利用较为粗放，生产效率低下，导致土地利用的经济效应不高，土地的社会保障功能较差。虽然单位土地面积上的农药和化肥投入较少，在一定程度上有利于保护生态环境，但农业水利条件极为薄弱，灌溉指数不高，不利于水土保持，导致生态效应处于较低的水平。在此期间，土地利用效应水平提升缓慢，贴近度年均增长率为3.50%。第2阶段(2010—2016)，彭阳县土地利用效应处于中级水平。此阶段处于固原市第十二个五年计划，在此期间，该县实施了"坡改梯"的土地整治工程和小流域沟渠治理工程，有效改善了农业基础设施和农村生产生活条件，提高了农业生产效率，节约了水土资源。除此之外，当地农民在政府引导下因地制宜地种植小秋杂粮，既充分利用了耕地资源，又增加了农民收入。土地利用效应升级为中级水平，贴近度由2010年的0.31提高为2016年的0.41，年均增长率为5.73%，增速较上一阶段有所加快。

（2）三个案例区土地利用子系统效应比较分析。

第一，生态效应。由图6-8（a）中可以看出，长沙县和彭阳县的土地利用生态效应在2001—2016年间变化不大，贴近度平均值分别为0.68和0.36，而青浦区生态效应波动较大，贴近度平均值为0.63。

2001—2006年，土地利用生态效应水平高低顺序依次为长沙、青浦区、彭阳县。长沙县作为中国重要的粮食主产区之一，土地灌溉指数较高，单位土地面积化肥和农药投入水平介于其他两个案例区之间，生态效应总体水平较高。青浦区的土地利用过程在2007年以前处于一个不稳定的状态：2003年进行了土地整治，生态效应有所提高；2006年通过复垦工程土地面积增加，但由于农业水利设施不到位，灌溉指数下降，生态效应受到了严重的影响。由于青浦区区灌溉指数低于长沙县，并且在单位土地面积化肥和农药投入方面高于长沙县，因此，其生态效应比长沙县低。彭阳县虽然在单位土地面积化肥和农药投入方面表现较好，但受地形条件和技术水平的限制，土地灌溉指数较低，对土地利用的生态效应总值影响较大，因此，彭阳县的土地利用生态效应水平在3个案例区中最低。

2007—2012年，土地利用生态效应水平高低顺序依次为青浦区、长沙县、彭阳县。青浦区经过2006年的土地利用调整，从2007年开始灌溉指数升高，全区推广使用测土配方肥，使得单位土地面积化肥投入量逐年减少，农药投入也开始下降，生态效应水平提高并超过长沙县。

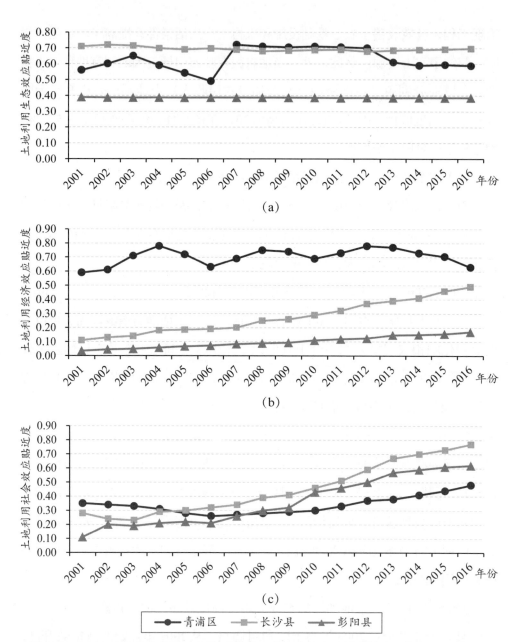

图6-8 2001—2016年三个案例区土地利用的生态效应、经济效应和社会效应贴近度

2013—2016年，土地利用生态效应水平高低顺序依次为长沙县、青浦区、彭阳县。2013年，青浦区区开始进行农业结构调整，鼓励农民休耕，并严格

控制小麦的种植面积，因此，灌溉指数明显下降，对生态效应的提升产生较大的影响。彭阳县的土地有效灌溉面积虽然在逐年增加，是由于退耕还林政策和土地复垦工程的实施，土地总面积也呈增长趋势，灌溉指数增速缓慢，除此之外，单位土地面积化肥和农药的投入在年际间变化不明显，导致彭阳县生态效应总体水平变化不大。

第二，经济效应。根据图6-8（b）显示，青浦区的土地利用经济效应在2001—2016年间于较高水平上呈M形波动变化，贴近度平均值为0.70，长沙县和彭阳县市经济效应则经历了"缓慢增长—快速增长"的变化过程，贴近度平均值分别为0.27和0.08。

2001—2016年，土地利用经济效应水平高低顺序依次为青浦区、长沙县、彭阳县。青浦区作为大都市郊区，经济发达，土壤肥沃，土地生产力、劳动生产率和农业技术效率等较高，因此，其土地利用经济效应高于其他2个案例区；长沙县经济发展水平次于青浦区，因此，受技术水平的限制，土地利用经济效应低于青浦区，但随着经济发展水平的提高，长沙县土地利用经济效应逐年升高，逐步缩小了与青浦区的差距；彭阳县主要受自然条件和经济发展水平的约束，土地利用效率低下，经济效应不高，但随着当地经济水平的提高也呈现逐年增长的趋势。

第三，社会效应。由图6-8（c）中可以看出，三个案例区的土地利用社会效应总体上均呈现逐年升高的变化趋势，贴近度平均值由东向西分别为0.33、0.44和0.36。

2001—2004年，土地利用社会效应水平高低顺序依次为青浦区、长沙县、彭阳县。由于青浦区人均种植业产值和农民人均纯收入远远高于其他2个案例区，因此，其土地利用社会效应最高；长沙县在人均种植业产值、人均粮食产量和农民人均纯收入等方面均优于彭阳县，因此，彭阳县土地利用社会效应最低，长沙县处于中间水平。

2005—2006年，土地利用社会效应水平高低顺序依次为长沙县、青浦区、彭阳县。随着青浦区外来人口的不断增加，人均种植业产值和人均粮食产量等指标开始呈明显下降状态，导致社会效应降低；长沙县人均种植业产值、人均粮食产量和农民人均纯收入等指标不断升高，因此，其土地利用社会效应在这一阶段超过青浦区。

2007—2016年，土地利用社会效应水平高低顺序依次为长沙县、彭阳县、青浦区。虽然青浦区的农民人均纯收入在不断增加，但随着总人口数量的不断扩大，人均种植业产值和人均粮食产量等指标继续呈下降趋势，社会效应增速缓慢；彭阳县由于总人口下降，这两项指标均呈逐年增长趋势，农民人均纯收入也逐年增加，因此，彭阳县土地利用社会效应在此阶段超过青浦区；长沙县社会效应继续保持稳定发展态势，在三个案例区中处于最高水平。

（3）三个案例区土地利用效应障碍因子识别及建议。

第一，青浦区。由图6-9（a）可知，3个土地利用效应子系统的障碍度存在差异。2001—2016年，社会效应障碍度在较高水平上波动变化，平均值为53.39%，经济效应和生态效应障碍度则处于较低水平，平均值分别为25.52%和21.09%，但在近五年呈现逐年增长的趋势。以上数据表明社会效应是制约青浦区土地利用效应提升的主要子系统，但生态效应和经济效应子系统的障碍度升高也不容忽视。

由图6-9（b）可以看出，2001—2011年，前3名障碍指标分别为农民人均纯收入、人均种植业产值和人均粮食产量。其中，人均种植业产值和人均粮食产量的障碍度随着青浦区总人口的不断扩大而升高，二者均为社会效应指标，因此，社会效应障碍度最高。随着经济发展水平和农业技术水平的提高，农民人均纯收入的障碍度呈现逐年下降趋势。2012—2016年，人均种植业产值和人均粮食产量障碍度分别列于第一名和第二名，表明社会效应仍然是影响土地利用效应提升的主要子系统。在此阶段，农民人均纯收入指标退出前3名，地均种植业产值障碍度开始随着青浦区农业结构的调整而提高。2012年以后，青浦区为培肥地力，提出减少小麦种植面积、种植绿肥和休耕的农业政策，造成粮食播种面积和灌溉面积的大幅度下降，地均种植业产值、农业机械化效率和灌溉指数受到了严重的影响，经济效应和生态效应障碍度开始呈现逐年升高的趋势。

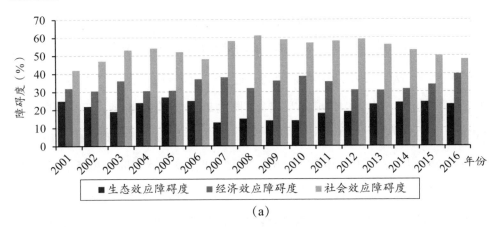

（a）

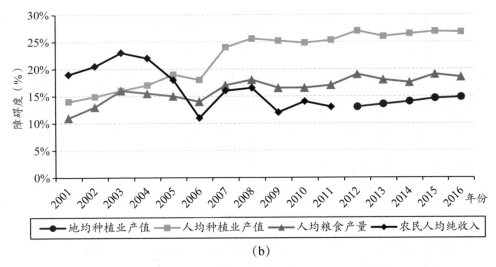

（b）

图6-9 2001—2016年青浦区土地利用效应：子系统和前三名障碍指标障碍度

由此可见，青浦区在今后的发展过程中需重点提升土地利用的社会效应，统筹和协调土地利用与社会发展的关系，提高土地的社会保障功能；注重加强对休耕土地的管护措施以全面提高生态效应；探索更加集约和高效的土地利用方式以提高经济效应[146]。

第二，长沙县。图6-10（a）显示2001—2016年各子系统障碍度的变化情况具有明显的规律性：2001—2014年，子系统障碍度大小顺序依次为经济效应障碍度、社会效应障碍度、生态效应障碍度，平均值分别为50.08%、34.47%、15.45%，表明经济效应和社会效应是制约长沙县土地利用效应提升的主要子系统。从变化趋势上来看，经济效应障碍度在2012年以前处于比较稳定的状态，从2013年开始明显升高；社会效应障碍度经历了"缓慢下降—快速下降"的过程，由2001年的37.98%下降为2014年的25.44%，年均下降率为3.03%，而生态效应障碍度则经历了"缓慢上升—快速上升"的过程，由2001年的11.66%升高为2014年的22.56%，年均增长率为5.21%。2015—2016年，子系统障碍度大小顺序依次为经济效应障碍度、生态效应障碍度、社会效应障碍度。在此阶段，经济效应障碍度始终保持在较高水平上，社会效应障碍度继续下降，生态效应障碍度继续上升并超过社会效应障碍度。

由图6-10（b）可以看出，2001—2005年，前3名障碍指标分别为农业机械化效率、农民人均纯收入和人均种植业产值。其中，农业机械化效率障碍度呈缓慢增长趋势，农民人均纯收入障碍度处于稳定状态，人均种植业产值障碍度则呈逐年下降趋势，3个障碍指标中有2个为社会效应指标，1个为经济效应指标，因此在此阶段，经济效应和社会效应是影响长沙土地利用效应提升的主要子系统。2006—2012年，农业机械化效率障碍度继续呈逐年增长的趋势，年均增长率为3.02%，较上一阶段有所提高。农民人均纯收入的障碍度随着地区经济水平的提高开始下降。由于人均种植业产值的障碍度下降速度快于劳均种植业产值的障碍度下降速度，因此在此阶段，人均种植业产值退出前3名障碍指标，劳均种植业产值对土地利用效应的限制作用开始显现出来。3个障碍指标中有2个为经济效应指标，1个为社会效应指标，因此，经济效应和社会效应仍然是制约土地利用效应提升的主要子系统。2013—2016年，农业机械化效率对土地利用效应提升的障碍作用明显升高，年均增长率为7.39%，农民人均纯收入在此阶段退出前3名障碍指标，人均粮食产量的障碍度开始随着长沙县总人口的不断增加而升高，但由于人均种植业产值和农民人均纯收入的障碍度下降速度较快，因此，社会效应障碍度呈现逐年降低的趋势。由于单位土地面积农药和化肥投入的减少以及灌溉指数的增加比较缓慢，因此生态效应障碍度逐年升高，并在2015年超过社会效应障碍度。

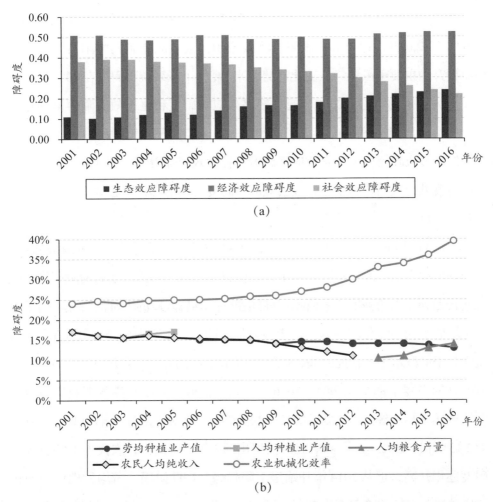

(a)

(b)

图6-10　2001—2016年长沙县土地利用效应：子系统和前三名障碍指标障碍度

　　由以上分析可知，作为中国粮食主产区之一，长沙县在今后的土地利用过程中，需着重提高农业机械化效率和劳均种植业产值以提升经济效应水平；划定基本农田保护区以保持稳定的粮食种植面积，采用先进的农业技术增加粮食产量以提高土地承载力，保证粮食安全；探索投入减量化的土地利用模式，协调好与生态环境的关系，保障土地的可持续利用。

　　第三，彭阳县。从图6-11（a）中可以看出，2001—2016年各子系统障碍度的变化情况也呈现出明显的规律性：2001—2013年，子系统障碍度大小顺序依次为经济效应障碍度、社会效应障碍度、生态效应障碍度，平均值分别为50.07%、32.05%、17.89%，表明经济效应和社会效应是制约彭阳县土地利用效应提升的主要子系统。从变化趋势上来看，3个子系统障碍度在2006年以前处于较为稳定的状态，2007年起，经济效应障碍度和生态效应障碍度逐年升高，社会效应障碍度则逐年下降。2014—2016年，子系统障碍度大小顺序依次为经济效应障碍度、生态效应障碍度、社会效应障碍度。在此阶段，经济效应障碍度处于较高的水平上，社会效应障碍度继续下降，生态效应障碍度继续上升并超过社会效应障碍度。

　　图6-11(b)显示，2001—2003年，前3名障碍指标分别为农业机械化效率、人均种植业产值、灌溉指数。其中，农业机械化效率和灌溉指数的障碍度呈缓慢增长趋势，人均种植业产值障碍度随着彭阳县总人口的下降而降低。由于单位土地面积农药和化肥投入的障碍度较低，因此，生态效应障碍度在3个子系统中处于最低水平。在此阶段，经济效应和社会效应是影响彭阳县土地利用效应提升的主要子系统。2004—2016年，农业机械化效率和灌溉指数的障碍度继续逐年升高，经历了"缓慢增长—快速增长"的变化过程，年均增长率分别为2.13%和3.09%，人均种植业产值退出前3名障碍指标，农民人均纯收入障碍度逐年升高，但从2014年开始呈下降趋势。在此阶段，劳均种植业产值和地均种植业产值的障碍度也在逐年增加，因此，经济效应仍然是限制彭阳县土

地利用效应提升的最主要的子系统。2014年起，生态效应指标的障碍度均呈逐年上升的趋势，并且超过社会效应障碍度。

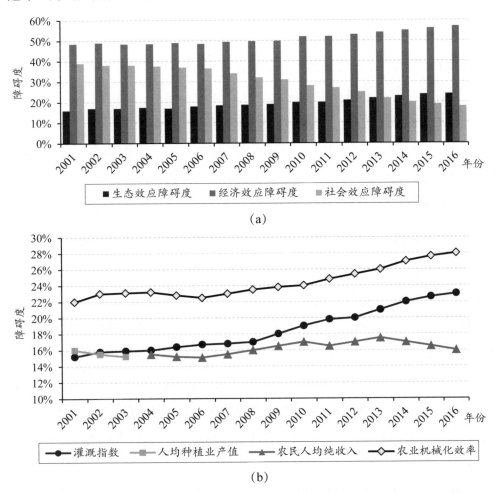

(a)

(b)

图6-11　2001—2016年彭阳县土地利用效应：子系统和前三名障碍指标障碍度

综上所述，彭阳县应继续大力实施"坡改梯"的土地整治工程，提高农业机械化效率和农业生产效率以提升土地利用的经济效应水平；继续实施小流域沟渠治理工程，扩大有效灌溉面积，促进土地资源的水土保持；政府相关部门应当积极引导农户因地制宜地种植合适的农作物和成立农业合作社，并牵头寻找合适的合作方，扩大农产品的销售渠道，提高农民收入水平。

第四节 小 结

本章以上海市青浦区、长沙市长沙县和固原市彭阳县为例，探究了不同经济发展水平地区农户生计策略和土地利用行为的特征及差异。主要研究结论如下：

（1）农户生计策略。

第一，3个案例区的农户生计状态处于城镇化的不同发展阶段。彭阳县处于城镇化初期阶段，农户仍然主要依靠农业生产维持生计；长沙县处于中期阶段，农户开始参与非农活动，以兼业型生计策略居多，农业规模化经营模式开始形成；青浦区处于后期阶段，大部分农户进城定居，留在农村的农户以农业生产为主，专业农业型农户开始增多。

第二，不同地区农户的生计资本状况存在差异。首先，人力资本和物质资本在3区中均处于较高水平，表明这2项资本对农户生计有很大程度的影响；社会资本在3区中均较低，说明该类型资本对农户生计改善的影响不大；3区在自然资本和金融资本方面存在明显差异，反映出我国人均耕地面积东少西多的耕地特征和经济发展水平东高西低的经济特点。其次，农户生计资本总值由东向西呈阶梯状下降趋势，依次为青浦区（1.906 4）、长沙县（1.873 8）、彭阳县（1.806 5）。

第三，同种生计策略类型农户的生计资本在区域间的差异比较结果显示：同种类型农户的生计资本总值在区域间无明显差异；除专业农业型农户外，其余同种生计类型农户的人力资本和社会资本在区域间无明显差异，而在自然资本、物质资本和金融资本等方面存在显著差异。

（2）农户土地利用行为。

第一，种植选择行为。首先，青浦区受当地气候和政策影响，主要种植单季稻、冬小麦、绿肥和蔬菜等作物。其次，长沙县以水稻和蔬菜为主，近年来水稻"双改单"现象明显。最后，彭阳县主要种植春玉米、冬小麦、小秋杂粮、洋芋和胡麻等。二分类逻辑回归模型显示户主年龄、户均家庭年收入、投入产出比和是否兼业等是影响农户冬小麦种植决策的显著因素。

第二，土地投入行为。首先，2001—2016年，长沙县和彭阳县农户的资本集约度均呈逐年上升趋势，而青浦区逐年下降；3个案例区的劳动集约度均呈逐年下降趋势，并且单位耕地面积资本投入与劳动力投入的比例逐年增长，反映出资金投入代替人力投入的必然发展趋势；3个案例区的耕地利用集约度变化趋势与资本集约度相同。其次，青浦区耕地集约利用主要受灌溉指数和农业政策的正向作用以及地均 GDP 的负向作用；长沙县耕地集约利用主要受地均 GDP 和农业政策的正向作用以及人均耕地面积的负向作用；彭阳县耕地集约利用主要受农业机械化水平的正向作用。

第三，土地利用效应及其障碍因子。首先，2001—2016年，3个案例区的土地利用效应水平和变化过程存在差异。土地利用效应平均水平由东向西依次递减，贴近度平均值分别为0.56、0.43和0.28。应用 K- 均值聚类法对土地利用效应贴近度进行分级，结果显示青浦区土地利用效应经历了"良好—优质—良好—优质"的循环发展过程，长沙县经历了"中级—良好—优质"的发展过程，彭阳县经历了"低级—中级"的发展过程。总体来讲，3个案例区的土地利用效应均呈逐年升高的趋势，说明农户土地利用行为趋向于合理化、高效化方向发展。其次，2001—2016年，3个案例区的土地利用子系统效应水平和变化过程具有不同的特点。生态效应：长沙县和彭阳县变化不大，贴近度平均值分别为0.68和0.36，而青浦区生态效应波动较大，贴近度平均值为0.63；经济效应：青浦区于较高水平上呈 M 形波动变化，贴近度平均值为0.70，长沙县和彭阳县经历了"缓慢增长—快速增长"的变化过程，贴近度平均值分别为0.27和0.08；社会效应：3个案例区总体上均呈现逐年升高的变化趋势，贴近度平均值由东向西分别为0.33、0.44和0.36。最后，2001—2016年，3个案例区的土地利用效应障碍因子种类和变化过程不同。社会效应是制约青浦区土地利用效应提升的主要子系统，生态效应和经济效应子系统的障碍度在低水平上波动变化。青浦区近3年主要障碍因子为人均种植业产值、人均粮食产量和地均种植业产值。长沙县和彭阳县的土地利用子系统障碍度变化趋势相似：经济效应和生态效应障碍度逐年上升，社会效应障碍度逐年下降；经济效应和社会效应是前期制约土地利用效应提升的主要子系统，后期则主要是经济效应子系统。长沙县近3年主要障碍因子为农业机械化效率、劳均种植业值和人均粮食产量，彭阳县近3年主要障碍因子为农业机械化效率、灌溉指数和农民人均纯收入。

由此可见，青浦区凭借其优越的自然条件和发达的农业科技水平，经济效应和生态效应水平较高，土地利用效应具有显著优势，但由于城镇化引起的人口激增导致土地的社会保障功能下降，社会效应成为制约土地利用效应提升的主要子系统。彭阳县主要受经济发展水平和自然条件的约束，生态效应和经济效应在3个案例区中最低，土地利用效应较低。长沙县经济发展水平和自然条件处于中等水平，因此，土地利用效应高于彭阳县而低于青浦区。因此，不同地区应当根据自身的障碍因子采取具有针对性的改进措施。例如，青浦区应当着重加强土地利用的社会效应，协调好土地利用与社会发展的关系；彭阳县应积极实施自然环境改造工程，引入先进农业技术发展现代农业，改善农民生活；长沙县作为中国粮食主产区之一，保证该区的粮食供应事关国计民生，今后需要着重提升农业技术水平和生产效率。

第七章 基于情景分析的上海市青浦区农户可持续生计策略与土地利用行为选择

第六章的研究结果表明，由于不同经济发展水平地区自然条件和社会经济条件的不同，其发展的功能定位存在差异，因此必然会对农业、农村和农民产生各异的影响，从而形成不同的发展方式。本书借鉴三个案例区的"三农"发展理念，构建4种可能的发展情景，结合农户生计策略与土地利用行为可持续发展的概念模式，从生计资本和土地利用效应的角度选取适当的指标，采用情景分析法模拟上海市青浦区农户生计策略与土地利用行为系统可持续性演变的可能发展趋势，从而选择适宜的可持续发展模式。

第一节 情景分析方法

"情景"一词最早出现于1967年安东尼·维纳（Anthony J. Wiener）和赫曼·卡恩（Herman Kahn）合著的《2000年：对未来33年的推测框架》（*The Year 2000: A Framework for Speculation on the Next Thirty-Three Years*）一书中[147]。他们认为，未来是多样的，几种潜在的结果都有可能在未来实现，并且通向这种或那种结果的路径也不是唯一的，而对可能出现的未来以及实现这种未来的途径的描述则构成了一个情景。情景分析方法就是对经济、产业或技术等演变过程提出各种关键性假设，采用科学方法对未来进行详细的、严密的推理，描述和构建未来各种可能的场景及结果，以为决策者提出早期警告、发现新的机遇和规避可能存在的风险[148]。情景分析方法主要具有以下优势：把单一的未来转变成多样的可选择的未来，有利于突破思维定式，开阔思维；有利于识别一些不连续的、微弱的信号，发现一些偶然的不确定性；情景分析主要通过利益相关者进行开放式对话，可以防止"群体思维"；情景分析法是一种融定性与定量分析于一体的新预测方法。由此可见，情景分析法能使管理者发现未来某些变化的发展趋势和避免两个最常见的决策错误：过高或过低估计未来的变化及其影响。

农户生计策略与土地利用行为系统作为人地系统的基本组成单元，由于其构成要素的复杂性以及影响因素的多样性，使得对该系统可持续性状态的预测难度较大。面对诸多模糊、不确定的因素时，构建情景能够通过多种假设，从多种角度描绘未来可能发生的场景，并提供多种政策及决策选择[149]。

事实上，情景分析方法并没有一个统一的操作步骤，不同学者提出了许多不同的分析过程，如：Wollenberg 四步法，即定义情景目的—分析系统结构的信息和主要驱动力变化—生成情景—分析情景含义及决策者使用；Chan and Kapsalis 四步法，即界定范围—数据库建设—构建情景—选择战略选项；Clemons 五步法，即识别关键不确定性—按重要性排列不确定性—选择2~3个最关键不确定性作为驱动力的不确定性—生成未来情景—制定相应战略；Fink 五步法，即情景准备—情景域分析—情景预测—情景发展—情景传递；Joseph Alcamo & Dale Rothman 六步法，即选择情景目标和结构—选择情景主题—选择角色和关键因素—发展情景—减少情景数量—完善情景故事。在总结已有研究的基础上，本书将农户生计策略与土地利用行为系统可持续性演变情景分析步骤设定为以下五步：情景分析主题确定—情景来源分析—情景内容描述—情景参数预测—情景结果分析[150]。

《青浦区国民经济和社会发展第十三个五年规划纲要》中指出："立足区域

一体化和上海国际大都市战略需求，到2030年，青浦努力成为上海国际贸易中心重要承载区、国家生态文明示范区、建设具有全球影响力科创中心的产业高地与活力新区、上海国际文化大都市特色功能区，产城绿融合发展的上海西部门户、长三角综合性节点城市，建成生态宜居的现代化新青浦。"由此可以看出，2030年将是青浦区发展的重要转折点，是具有重大战略意义的一年。因此，为与区域规划相衔接，本书将情景分析主题确定为：到2030年，为实现青浦区农户生计策略与土地利用行为可持续发展的情景。

第六章研究内容表明：

（1）作为东部发达城市的郊区，青浦区在农业、农村和农民的发展过程中表现出经济、技术和资源等方面的巨大优势，并且近年来更加注重生态文明的建设，因此，将该区的"三农"发展理念定义为经济发展与生态保护兼顾理念。

（2）长沙县是中国重要的粮食主产区之一，承担着保障区域乃至全国粮食安全的重任，因此，在"三农"发展中，确保粮食安全成为不可缺少的指导法则。除此之外，该县也非常注重经济的发展，农民生活水平不断提高，故将长沙县的"三农"发展理念定义为经济发展与粮食安全兼顾理念。

（3）彭阳县地处西部山区，自然条件恶劣，不利于农业发展，粮食产量较低，鉴于此，该县积极采取各种生态环境保护措施，如退耕还林、小流域沟渠治理工程等，并且将山区农户进行生态移民，转移到条件相对较好的北部川区，从而减轻了南部山区的人口压力，确保了粮食安全。因此，将彭阳县的"三农"发展理念定义为生态保护与粮食安全兼顾理念。由此可见，不同地区的"三农"发展理念存在差异。

为了较为全面地获取青浦区未来可能出现的情景，本书以三个案例区的"三农"发展理念为依据，构建了以下4种农户生计策略与土地利用行为演变情景：经济发展与生态保护兼顾情景（scenario of economic development and ecological protection，EDEP）、经济发展与粮食安全兼顾情景（scenario of economic development and food security，EDFS）、生态保护与粮食安全兼顾情景（scenario of ecological protection and food security，EPFS）、综合发展情景（scenario of integrative development，ID）。

为避免在情景参数预测时使主观不确定性增强，从而导致预测偏差增大，本书首先设定3种单一情景，即经济发展优先情景（ED）、粮食安全优先情景（FS）和生态保护优先情景（EP）。那么，经济发展与生态保护兼顾情景（scenario of economic development and ecological protection: EDEP）的模拟结果则为经济发展优先情景（ED）和生态保护优先情景（EP）模拟结果的平均值，即：

$$EDEP = (ED + EP)/2 \qquad (7-1)$$

EDFS 和 EPFS 等两种情景结果的计算方法同上，公式如下：

$$EDFS = (ED + FS)/2 \qquad (7-2)$$

$$EPFS = (EP + FS)/2 \qquad (7-3)$$

综合发展情景（ID）比较特殊，它集经济发展、粮食安全和生态保护等目标于一体，由于多目标之间复杂的相互作用关系，其综合效应不仅仅是三种单一目标结果的简单折中，不能通过求平均数实现。因此，该情景与以上3种单一情景一同进行预测，以保证模拟结果的科学性与可靠性。

（1）经济发展优先情景（ED）。该情景侧重于经济发展，以经济建设为中心。在发展过程中占用耕地以扩大建设用地面积成为必然；城镇化速度的不断加快导致农业从业人员减少，即劳动力投入减少，取而代之的是机械投入以及大量农药和化肥的投入。

（2）粮食安全优先情景（FS）。该情景侧重于农业生产，保证区域内不断增加的人口的粮食需求，充分发挥耕地的社会保障功能。在发展过程中严格把控已有的耕地数量，适当补充新增耕地以增加粮食总量；农业从业人员数量有所增加，能够为更多的农户提供生计来源。

（3）生态保护优先情景（EP）。该情景注重通过采取一系列生态保护措施来改善区域生态环境质量，保障生态系统的可持续发展。在发展过程中为了保护生态环境，耕地利用强度将有所下降，农药和化肥等化学物质投入也将相应减少，以防土壤板结和地下水污染，农户生活水平的提高受到了一定的影响。

（4）综合发展情景（ID）。综合发展情景假设来源于同时实现以上3种情景目标的优化设计思路。该情景注重土地利用生态、经济和社会等效应的全面发展，力争使其均朝有利的方向前进，追求综合效应的最大化：发展过程中的土地利用经济效应虽不及经济发展优先情景，但比生态保护优先情景要高；生态效应虽不及生态保护优先情景，但高于经济发展优先情景；社会效应虽低于粮食安全优先情景，但高于经济发展优先情景。在农户生计方面，该情景注重实现资本最大化，虽可能低于经济发展优先情景，但将高于粮食安全优先情景和生态保护优先情景。

第二节　情景参数预测

为便于考察青浦区2030年不同情景下各类型农户的生计策略与土地利用行为系统的可持续性，本书以2016年为基础年，假设土地权益关系在研究期内保持稳定状态。

在对构建的4种情景进行充分分析和设定研究假设后，本书将根据农户生计策略与土地利用行为可持续发展的概念模式，对该系统可持续性评价涉及的相关指标分情景进行预测。

一、农户生计资本指标预测

根据不同情景的发展目标，农户生计资本相关指标的预测方法如表7-1。

表7-1 青浦区农户生计资本演变情景指标参数预测

生计资本	指标	2016年指标值	2030年			
			ED	FS	EP	ID
自然资本	户均拥有耕地面积	A	A	A	A	A
	户均实际耕种面积	A	$A[(1-0.93\%)(1-1.5\%)]^{14}$	$A[(1-0.93\%)(1+1.5\%)]^{14}$	$A(1-0.93\%)^{14}$	$A[(1-0.93\%)(1+1\%)]^{14}$
人力资本	家庭整体劳动能力	A	A	A	A	A
	户主受教育程度	A	$A(1+15\%)$	$A(1+10\%)$	$A(1+10\%)$	$A(1+15\%)$
	户主年龄	A	A	A	A	A
	住房情况	A	A	A	A	A
物质资本	生产性工具数量	A	$\mathrm{ROUND}((A(1+15\%)),0)+1$	$\mathrm{ROUND}((A(1+10\%)),0)$	$\mathrm{ROUND}((A(1-5\%)),0)-1$	$\mathrm{ROUND}((A(1+10\%)),0)$
	耐用消费品数量	A	$\mathrm{ROUND}((A(1+10\%)),0)$	A	A	$\mathrm{ROUND}((A(1+10\%)),0)$
金融资本	户均家庭年收入	A	$A[(1+10.59\%)(1+2\%)]^{14}$	$A[(1+10.59\%)(1+1\%)]^{14}$	$A[(1+10.59\%)(1-1\%)]^{14}$	$A[(1+10.59\%)(1+1.5\%)]^{14}$
	补贴机会	A_1	$\mathrm{ROUND}((A_1(1+20\%)),0)$	$\mathrm{ROUND}((A_1(1+15\%)),0)$	$\mathrm{ROUND}((A_1(1+10\%)),0)$	$\mathrm{ROUND}((A_1(1+15\%)),0)$
	无偿帮助	A_1	$\mathrm{ROUND}((A_1(1-20\%)),0)$	$\mathrm{ROUND}((A_1(1-10\%)),0)$	$\mathrm{ROUND}((A_1(1+10\%)),0)$	$\mathrm{ROUND}((A_1(1-15\%)),0)$
社会资本	家中有无干部	A_1	$\mathrm{ROUND}((A_1(1+10\%)),0)$	A_1	A_1	$\mathrm{ROUND}((A_1(1+5\%)),0)$
	参加社区组织	$A_{0.5}$	$\mathrm{ROUND}((A_{0.5}\times90\%),0)$	$A_{0.5}$	$A_{0.5}$	$\mathrm{ROUND}((A_{0.5}\times95\%),0)$

注：A_1 和 $A_{0.5}$ 分别表示指标取值为1或0.5 的对应的农户数量；ROUND 表示四舍五入取整。

1．自然资本

（1）户均拥有耕地面积：该指标含义是"土地未发生流转时户均拥有耕地面积"，即农户原来拥有的口粮地面积。因此，该指标值在2030年的不同情景下仍然保持不变。

（2）户均实际耕种面积：2001—2016年青浦区耕地面积年均变化率为 −0.93%。ED情景在原变化速率基础上，每年下降1.5%，以反映出由于经济发展对耕地面积的占用；FS情景在原变化速率基础上，每年增加1.5%，以保证粮食安全；EP情景保持原变化速率，原因是青浦区主要通过种植绿肥和冬前深翻休耕等措施来进行生态保护，此过程不涉及耕地面积的增减变化；ID情景增加1%。

2．人力资本

（1）家庭整体劳动能力、户主年龄：由于人类自然生长规律及婚嫁等社会规律，农户家庭内部结构（人口、年龄、健康状况等）随着时间不断更新而处于动态平衡状态。因此，此2项指标在2030年的不同情景下保持不变。

（2）户主受教育程度：2030年，该指标在ED情景下增加15%，以反映出经济发展对农民文化教育水平的带动作用；该指标在FS情景和EP情景下均增加10%；ID情景下增加15%。

3．物质资本

（1）住房情况：由于青浦区农村目前建成了统一的标准住房，并且将在长时间内保持不变，因此该指标值在2030年不同情景下保持不变。

（2）生产性工具数量：2030年，该指标在ED情景下增加15%（四舍五入取整），反映经济发展对农业机械购买量的促进作用；该指标在FS情景增加10%（四舍五入取整）；在EP情景下减少5%（四舍五入取整），反映生态保护对农业机械购买量的抑制作用；ID情景下增加10%（四舍五入取整）。由于农户家庭生产性工具数量大多不超过10件，为区分不同情景下的差异，设定

ED 情景四舍五入取整后 +1；EP 情景四舍五入取整后 −1。

（3）耐用消费品数量：2030 年，该指标在 *ED* 情景下增加 10%（四舍五入取整），反映经济发展对农户生活水平提升的促进作用；该指标在 *FS* 情景和 *EP* 情景均保持 2016 年水平；*ID* 情景下增加 10%（四舍五入取整）。

4．金融资本

（1）户均家庭年收入：2001—2016 年青浦区农村居民家庭人均纯收入的年均变化率为 10.59%。*ED* 情景在原变化速率基础上，每年增加 2%，以反映出经济发展对农民收入的带动作用；FS 情景在原变化速率基础上，每年增加 1%；*EP* 情景在原变化速率基础上，每年减少 1%，反映生态保护对农民收入增加的抑制作用；*ID* 情景在原变化速率基础上，每年增加 1.5%。

（2）补贴机会：由表 3-3 中该指标的计算方法可知，此指标取值为 0 或 1，因此，在预测指标值变化时，本书以取值为 1 的农户数量为基础进行计算：2030 年，*ED* 情景拥有补贴机会的农户数量增加 20%；*FS* 情景增加 15%；*EP* 情景增加 10%；*ID* 情景增加 15%。（计算结果均四舍五入取整。）

（3）信贷机会：该指标预测方法与"补贴机会"相同，以取值为 1 的农户数量为基础进行计算：2030 年，*ED* 情景拥有信贷机会的农户数量减少 20%；FS 情景减少 10%；*EP* 情景增加 10%；*ID* 情景减少 15%。（计算结果均四舍五入取整。）

5．社会资本

（1）家中有无干部：该指标预测方法与"补贴机会"和"信贷机会"相同，以取值为 1 的农户数量为基础进行计算：2030 年，*ED* 情景家中拥有干部的农户数量增加 10%；*FS* 情景和 *EP* 情景保持不变；*ID* 情景增加 5%。（计算结果均四舍五入取整。）

（2）参加社区组织：根据表 3-3 中该指标的计算方法，可得 2016 年该指标在样本农户中取值为 0.5 和 1，因此，在进行指标值预测时，以取值为 0.5 的农户数量为基础进行计算：2030 年，*ED* 情景下，取值为 0.5 的农户数量的 10% 由 0.5 变为 1；*FS* 情景和 EP 情景保持不变；*ID* 情景下，取值为 0.5 的农户数量的 5% 由 0.5 变为 1。（计算结果均四舍五入取整。）

二、农户土地利用效应指标预测

根据不同情景的发展目标，农户土地利用效应相关指标的预测方法如表 7-2 所示。

1．生态效应

（1）冬前深翻占比：2030 年，*ED* 情景下该指标减少 20%，反映经济发展对农业生产中经济作物（如蔬菜等）种植的促进作用；*FS* 情景下该指标也减少 20%，反映粮食安全对农业生产中粮食作物（如冬小麦等）种植的促进作用；*EP* 情景下该指标增加 10%，反映生态保护的要求；*ID* 情景下减少 5%，以保证 3 项目标的全面发展。

（2）种植绿肥占比：该指标预测方法与"冬前深翻占比"相同：2030 年，*ED* 情景和 *FS* 情景下该指标均减少 20%；EP 情景下该指标增加 10%；*ID* 情景下减少 5%。

（3）氮投入：2001—2016 年青浦区单位耕地面积化肥投入数量年均变化率为 −3.61%。*ED* 情景在原变化速率基础上，每年减少 0.5%；FS 情景在原变化速率基础上，每年减少 1%；*EP* 情景在原变化速率基础上，每年减少 2%；*ID* 情景在原变化速率基础上，每年减少 1.5%。

（4）农药投入：2001—2016 年单位耕地面积农药投入数量年均变化率为 −5.23%。2030 年，*ED* 情景在原变化速率基础上，每年减少 0.5%；*FS* 情景在原变化速率基础上，每年减少 1%；*EP* 情景在原变化速率基础上，每年减少 2%；*ID* 情景在原变化速率基础上，每年减少 1.5%。农药价格指数年均变化率为 2.01%。

表7-2 青浦区农户土地利用效应演变情景指标参数预测

土地利用效应	指标	2016年指标值	2030年			
			ED	FS	EP	ID
生态效应	冬前深翻占比	A	$A(1-20\%)$	$A(1-20\%)$	$A(1+10\%)$	$A(1-5\%)$
	种植绿肥占比	A	$A(1-20\%)$	$A(1-20\%)$	$A(1+10\%)$	$A(1-5\%)$
	氮投入	A	$A[(1-3.61\%)(1-0.5\%)]^{14}$	$A[(1-3.61\%)(1-1\%)]^{14}$	$A[(1-3.61\%)(1-2\%)]^{14}$	$A[(1-3.61\%)(1-1.5\%)]^{14}$
	农药投入	A	$A[(1-5.23\%)(1-0.5\%)(1+2.01\%)]^{14}$	$A[(1-5.23\%)(1-1\%)(1+2.01\%)]^{14}$	$A[(1-5.23\%)(1-2\%)(1+2.01\%)]^{14}$	$A[(1-5.23\%)(1-1.5\%)(1+2.01\%)]^{14}$
	地均粮食产量	A	$[w_麦(1-20\%)n_麦(1-1.37\%)^{14}+(1-10\%)n_稻(1+0.08\%)^{14}](1+2\%)^{14}/(1-10\%)$	$[(1-X-Y)n_麦(1-1.37\%)^{14}+n_稻(1+0.08\%)^{14}](1+1.5\%)^{14}$	$[(1-X-Y)n_麦(1-1.37\%)^{14}+n_稻(1+0.08\%)^{14}](1-1\%)^{14}$	$[w_麦(1-10\%)n_麦(1-1.37\%)^{14}+(1-5\%)n_稻(1+0.08\%)^{14}](1+1.5\%)^{14}/(1-5\%)$
经济效应	地均粮食产值	A	$[Q_麦P_麦(1+6.80\%)^{14}+Q_稻P_稻(1+9.81\%)^{14}]/(1-10\%)$	$Q_麦P_麦(1+6.80\%)^{14}+Q_稻P_稻(1+9.81\%)^{14}$	$Q_麦P_麦(1+6.80\%)^{14}+Q_稻P_稻(1+9.81\%)^{14}$	$[Q_麦P_麦(1+6.80\%)^{14}+Q_稻P_稻(1+9.81\%)^{14}]/(1-5\%)$
	农户年均纯收入	A	$A[(1+10.59\%)(1+2\%)]^{14}$	$A[(1+10.59\%)(1+1\%)]^{14}$	$A[(1+10.59\%)(1-1\%)]^{14}$	$A[(1+10.59\%)(1+1.5\%)]^{14}$
社会效应	家庭务农人数占比	A	$A(1-20\%)$	$A(1+5\%)$	$A(1-10\%)$	$A(1-5\%)$
	人均耕地面积	A	$A[(1-0.93\%)(1-1.5\%)]^{14}$	$A[(1-0.93\%)(1+1.5\%)]^{14}$	$A(1-0.93\%)^{14}$	$A[(1-0.93\%)(1+1\%)]^{14}$
	农业机械化指数	A	$A(1+10\%)$	$A(1+5\%)$	A	$A(1+5\%)$

注：地均粮食产量预测公式中，w 表示2016年小麦种植比例，$n_麦$ 和 $n_稻$ 分别表示2016年小麦和水稻的产量，X 和 Y 分别表示2030年冬前深翻占比和种植绿肥占比；地均粮食产值预测公式中，$Q_麦$ 和 $Q_稻$ 分别表示2016年小麦和水稻的产量，$P_麦$ 和 $P_稻$ 分别表示2016年小麦和水稻的单价；2030年该农户此指标数值仍为100%。若2016年农户家庭务农人数占比为100%，FS情景下，2030年农户此指标数值占比为100%。

2．经济效应

（1）地均粮食产量：2030 年，ED 情景下，小麦种植面积减少 20%，水稻种植面积减少 10%，以用来种植经济作物，在保持原粮食单产变化率的基础上，每年增加 2%，反映经济发展对粮食产量提升的促进作用；FS 情景下，仍然是全部耕地用来种植水稻，而冬季减少的绿肥种植面积和冬前深翻面积则用来种植小麦，在保持原粮食单产变化率的基础上，每年增加 1.5%；EP 情景下，同样，全部耕地用来种植水稻，冬小麦种植面积为总耕地面积减去绿肥种植面积以及冬前深翻面积，在保持原粮食单产变化率的基础上，每年减少 1%，反映出由于生态保护而减少投入，造成粮食产量有所下降；ID 情景下，水稻种植面积减少 5% 以用来种植经济作物，小麦种植面积减少 10% 以用来进行生态保护，在保持原粮食单产变化率的基础上，每年增加 1.5%。其中，2001—2016 年水稻和小麦单产年均变化率分别为 0.08% 和 −1.37%。

（2）地均粮食产值：采用趋势外推法，根据 2001—2016 年水稻和小麦的价格指数年均变化率进行计算，变化率分别为 9.81% 和 6.80%。

（3）农户年均纯收入：2001—2016 年青浦区农村居民家庭人均纯收入年均变化率为 10.59%。ED 情景在原变化速率基础上，每年增加 2%，以反映出经济发展对农民收入的带动作用；FS 情景在原变化速率基础上，每年增加 1%；EP 情景在原变化速率基础上，每年减少 1%，反映生态保护对农民收入增加的抑制作用；ID 情景在原变化速率基础上，每年增加 1.5%。

3．社会效应

（1）家庭务农人数占比：2030 年，ED 情景下，该指标减少 20%，反映经济水平提高对耕地人力投入减少的贡献；FS 情景下，该指标增加 5%，反映出社会对粮食安全的重视引发农民从事农业生产的积极性；EP 情景下，该指标减少 10%，反映生态保护对农民从事农业生产的抑制作用；ID 情景下，该指标减少 5%。

（2）人均耕地面积：2001—2016年青浦区耕地面积年均变化率为 −0.93%。*ED* 情景在原变化速率基础上，每年下降 1.5%，以反映出由于经济发展对耕地面积的占用；*FS* 情景在原变化速率基础上，每年增加 1.5%，以保证粮食安全；*EP* 情景保持原变化速率，原因是青浦区主要通过种植绿肥和冬前深翻休耕等措施来进行生态保护，此过程不涉及耕地面积的增减变化；*ID* 情景下，该指标每年增加 1%。

（3）农业机械化指数：2030 年，*ED* 情景下，该指标增加 10%，反映经济水平提高对耕地机械投入增加的贡献；*FS* 情景下，该指标增加 5%；*EP* 情景下，该指标保持 2016 年水平，反映生态保护对农业生产的抑制作用；*ID* 情景下，该指标增加 5%。

第三节　情景分析结果

一、农户生计资本模拟结果

1．不同情景下农户生计资本模拟结果

根据以上情景参数预测方法得出2030年3种单一情景（*ED*、*FS*、*EP*）和综合发展情景（*ID*）下青浦区农户生计资本模拟结果（见表7-3）。然后根据式（7-1）至式（7-3）计算得出4种目标情景下2030年青浦区农户生计资本模拟结果（见表7-4）。

表7-3　2030年青浦区不同情景下农户生计资本模拟结果

情景类型	自然资本	人力资本	物质资本	金融资本	社会资本	资本总值
ED	0.068 1	0.085 3	0.082 8	0.096 1	0.146 0	0.478 3
FS	0.076 1	0.083 3	0.076 3	0.099 6	0.126 3	0.461 6
EP	0.071 7	0.083 3	0.072 7	0.099 4	0.126 3	0.453 4
ID	0.074 5	0.085 3	0.079 6	0.097 2	0.136 6	0.473 2

注：表中数值均为每种情景下农户生计资本模拟值的平均数。

表7-4　2030年青浦区不同情景下农户生计资本模拟结果

情景类型	自然资本	人力资本	物质资本	金融资本	社会资本	资本总值
EDEP	0.069 9	0.084 3	0.077 8	0.097 8	0.136 2	0.466 0
EDFS	0.072 1	0.084 3	0.079 6	0.097 9	0.136 2	0.470 1
EPFS	0.073 9	0.083 3	0.074 5	0.099 5	0.126 3	0.457 5
ID	0.074 5	0.085 3	0.079 6	0.097 2	0.136 6	0.473 2

注：表中数值均为每种情景下农户生计资本模拟值的平均数。

由表7-4可知，从农户生计资本总值来看，ID (0.473 2) > EDFS (0.470 1) > EDEP (0.466 0) > EPFS (0.457 5)，表明在 ID 情景下，经济发展、粮食安全和生态保护目标的全面实现有助于农户生计资本总值的提高，使得农户在受到压力和打击时能够拥有足够的资本在不同的生计策略中灵活转换，从而得以应对并恢复，促进其生计的可持续发展。由表7-3可知，ED 情景下的农户生计资本总值最高，为0.478 3，表明经济的繁荣发展能够极大提高农户的生计资本水平，因此它是 ID 情景中的主要贡献因子；FS 情景下农户生计资本水平列于第二位，为0.461 6；而在 EP 情景中，由于进行生态保护而对农业生产活动造成了一定的冲击，使得农户生计来源受到了制约，进而影响了生计资本的提高，农户的生计资本总值最低，为0.453 4。因此，对农户生计资本提升力较弱的两个情景（FS 和 EP）相结合，结果导致 EPFS 情景下的农户生计资本水平在4种目标情景中最低。

从4种目标情景下的农户生计资本单项值来看，在 ID 情景下，农户在自然资本、人力资本、物质资本和社会资本等方面均处于最高水平，因此可以认为该情景基本实现了5种生计资本的全面发展，这将有助于提高农户生计的可持续性；而在 EPFS 情景下，农户的人力资本、物质资本和社会资本等方面均处于最低水平，说明该情景不利于农户生计资本的有效提高，这从侧面解释了彭阳县农户生活水平不高的原因。

综上所述，无论是生计资本总值还是单项值，*ID* 情景都表现出较大的优势，因此，该情景能够有效实现农户生计的可持续发展。

2．不同情景下不同生计策略类型农户生计资本模拟结果

上节内容表明 *ID* 情景能够促进农户生计可持续发展目标的实现，而在城镇化背景下，青浦区农户生计策略发生了分化现象，具体何种生计策略类型农户的生计更加具有可持续性将是本节所要解决的问题。根据本书介绍的相关指标的预测方法计算得出2030年3种单一情景（*ED*、*FS*、*EP*）和综合发展情景（*ID*）下青浦区不同生计策略类型农户的生计资本模拟结果（见表7-5）。然后根据式（7-1）至式（7-3）计算得出4种目标情景下2030年青浦区不同生计策略类型农户的生计资本模拟结果（见表7-6）。

表7-5　2030年青浦区不同情景下不同生计策略类型农户生计资本模拟结果

情景类型	农户生计类型	自然资本	人力资本	物质资本	金融资本	社会资本	资本总值
ED	传统农业型	0.060 3	0.062 1	0.076 8	0.097 8	0.127 5	0.424 5
	专业农业型	0.100 7	0.086 0	0.100 4	0.101 0	0.112 3	0.500 4
	农业兼业型	0.073 7	0.075 0	0.080 6	0.104 8	0.116 7	0.450 8
	非农兼业型	0.053 6	0.096 2	0.079 8	0.096 7	0.188 2	0.514 5
	非农型	0.053 7	0.106 0	0.077 2	0.080 1	0.182 2	0.499 2
FS	传统农业型	0.063 3	0.060 6	0.070 2	0.103 7	0.109 0	0.406 8
	专业农业型	0.126 5	0.083 9	0.093 3	0.105 5	0.094 2	0.503 4
	农业兼业型	0.084 4	0.073 5	0.073 9	0.102 3	0.100 1	0.434 2
	非农兼业型	0.054 2	0.093 9	0.073 7	0.100 8	0.165 5	0.488 1
	非农型	0.053 9	0.103 5	0.071 1	0.085 5	0.159 9	0.473 9
EP	传统农业型	0.061 7	0.060 6	0.066 6	0.100 6	0.109 0	0.398 5
	专业农业型	0.112 3	0.083 9	0.088 0	0.101 6	0.094 2	0.480 0
	农业兼业型	0.078 5	0.073 5	0.070 4	0.113 8	0.100 1	0.436 3
	非农兼业型	0.053 8	0.093 9	0.070 8	0.097 3	0.165 5	0.481 3
	非农型	0.053 8	0.103 5	0.068 2	0.082 8	0.159 9	0.468 2

情景类型	农户生计类型	自然资本	人力资本	物质资本	金融资本	社会资本	资本总值
ID	传统农业型	0.062 7	0.062 1	0.073 4	0.096 5	0.119 4	0.414 1
	专业农业型	0.121 5	0.086 0	0.096 6	0.106 1	0.102 1	0.512 3
	农业兼业型	0.082 3	0.075 0	0.077 2	0.102 8	0.109 5	0.446 8
	非农兼业型	0.054 0	0.096 2	0.076 9	0.094 6	0.176 9	0.498 6
	非农型	0.053 8	0.106 0	0.074 3	0.086 1	0.172 2	0.492 4

注：表中数值均为每种情景下每种生计策略类型农户生计资本模拟值的平均数。

表7-6　2030年青浦区不同情景下不同生计策略类型农户生计资本模拟结果

情景类型	农户生计类型	自然资本	人力资本	物质资本	金融资本	社会资本	资本总值
EDEP	传统农业型	0.061 0	0.061 4	0.071 7	0.099 2	0.118 3	0.411 6
	专业农业型	0.106 5	0.085 0	0.094 2	0.101 3	0.103 3	0.490 3
	农业兼业型	0.076 1	0.074 3	0.075 5	0.109 3	0.108 4	0.443 6
	非农兼业型	0.053 7	0.095 1	0.075 3	0.097 0	0.176 9	0.498 0
	非农型	0.053 8	0.104 8	0.072 7	0.081 5	0.171 1	0.483 9
EDFS	传统农业型	0.061 8	0.061 4	0.073 5	0.100 8	0.118 3	0.415 8
	专业农业型	0.113 6	0.085 0	0.096 9	0.103 3	0.103 3	0.502 1
	农业兼业型	0.079 1	0.074 3	0.077 3	0.103 6	0.108 4	0.442 7
	非农兼业型	0.053 9	0.095 1	0.076 8	0.098 8	0.176 9	0.501 5
	非农型	0.053 8	0.104 8	0.074 2	0.082 8	0.171 1	0.486 7
EPFS	传统农业型	0.062 5	0.060 6	0.068 4	0.102 2	0.109 0	0.402 7
	专业农业型	0.119 4	0.083 9	0.090 7	0.103 6	0.094 2	0.491 8
	农业兼业型	0.081 5	0.073 5	0.072 2	0.108 1	0.100 1	0.435 4
	非农兼业型	0.054 0	0.093 9	0.072 3	0.099 1	0.165 5	0.484 8
	非农型	0.053 9	0.103 5	0.069 7	0.084 2	0.159 9	0.471 2
ID	传统农业型	0.062 7	0.062 1	0.073 4	0.096 5	0.119 4	0.414 1
	专业农业型	0.121 5	0.086 0	0.096 6	0.106 1	0.102 1	0.512 3
	农业兼业型	0.082 3	0.075 0	0.077 2	0.102 8	0.109 5	0.446 8

情景类型	农户生计类型	自然资本	人力资本	物质资本	金融资本	社会资本	资本总值
ID	非农兼业型	0.054 0	0.096 2	0.076 9	0.094 6	0.176 9	0.498 6
	非农型	0.053 8	0.106 0	0.074 3	0.086 1	0.172 2	0.492 4

注：表中数值均为每种情景下每种生计策略类型农户生计资本模拟值的平均数。

由表7-6可知，*ID*情景下专业农业型农户的生计资本总值最高，为0.5123，表明此情景下的专业农业型生计策略更加具有可持续性。这与实际情况相符：上节内容表明*ID*情景最有利于农户可持续生计目标的实现，因此，理论上讲，最可持续的生计策略类型必定出自该情景；专业农业型农户户主一般具有较高的文化水平，以土地规模化经营为主要生计活动，以追求规模经济的利润最大化为主要生计目标，第三章不同生计策略类型农户生计资本量化与分化特征分析的结果表明，专业农业型农户在自然资本、物质资本和金融资本等单项资本以及生计资本总值等方面均具有显著优势，说明专业农业型的生计策略有利于农户生计资本水平的提高，加之处于对农户生计资本提升力较强的*ID*情景下，该类型农户生计发展的可持续性将增强。

*EPFS*情景下传统农业型农户的生计资本总值最低，为0.402 7，说明此情景下的传统农业型生计策略最不利于农户生计的可持续发展。这与实际情况相符：上节内容表明*EPFS*情景相对来讲最不利于农户可持续生计目标的实现，因此，理论上讲，相对最不可持续的生计策略类型也必定出自该情景；传统农业型农户一般为上了年纪的老人，以农业生产作为主要生计来源，该类型农户土地面积一般不多，并且受技术水平的限制，难以产生规模效应，第三章不同生计策略类型农户生计资本量化与分化特征分析的结果表明，传统农业型农户的生计资本总值水平最低，因此，处于对农户生计资本提升力较弱的*EPFS*情景下，该类型农户的生计可持续性将更低。

*EDEP*和*EDFS*情景下各类型农户的生计资本总值则处于中间水平，这与上节研究结果相符。

二、农户土地利用效应模拟结果

1. 不同情景下农户土地利用效应模拟结果

根据土地利用效应相关指标的预测方法计算得出2030年3种单一情景（*ED*、*FS*、*EP*）和综合发展情景（*ID*）下青浦区农户土地利用效应模拟结果（见表7-7）。然后根据式（7-1）至式（7-3）计算得出4种目标情景下2030年青浦区农户土地利用效应模拟结果（见表7-8）。

表7-7　2030年青浦区不同情景下农户土地利用效应模拟结果

情景类型	生态效应	经济效应	社会效应	综合效应		变异系数	
				值	排序	值	排序
ED	0.187 4	0.214 9	0.159 0	0.561 3	4	0.149 4	2
FS	0.215 6	0.210 9	0.190 6	0.617 1	3	0.064 6	1
EP	0.292 3	0.165 8	0.165 5	0.623 6	2	0.351 8	4
ID	0.245 6	0.206 0	0.180 9	0.632 5	1	0.154 7	3

注：表中生态效应、经济效应、社会效应和综合效应的数值均为每种情景下农户土地利用效应模拟值的平均数。

表7-8　2030年青浦区不同情景下农户土地利用效应模拟结果

情景类型	生态效应	经济效应	社会效应	综合效应		变异系数	
				值	排序	值	排序
EDEP	0.239 9	0.190 4	0.162 3	0.592 6	3	0.198 9	3
EDFS	0.201 5	0.212 9	0.174 8	0.589 2	4	0.099 6	1
EPFS	0.254 0	0.188 4	0.178 1	0.620 5	2	0.199 1	4
ID	0.245 6	0.206 0	0.180 9	0.632 5	1	0.154 7	2

注：表中生态效应、经济效应、社会效应和综合效应的数值均为每种情景下农户土地利用效应模拟值的平均数。

需要指出的是，由于可持续土地利用行为是指一种合理有效的土地利用方式，即能够实现高水平的土地利用效应，包括生态效应、经济效应和社会效应，并且3个方面呈现均衡发展态势。变异系数，又称离散系数，是衡量各观测值变异程度最常用的统计量之一，用于反映事物内部之间的均匀性、稳定性和一致性。因此，本书在此采用变异系数来衡量三种单一效应的均衡发展程度，计算公式如下：

$$c.v = s / \bar{x} \qquad\qquad (7\text{-}4)$$

式中，$c.v$ 表示变异系数，s 表示标准差，$\bar{x}$ 表示平均值。变异系数越小，表明各样本观测值相对差异越小，三种单一效应的均衡发展水平越高。

根据表7-8显示，ID 情景下农户土地利用综合效应和变异系数的排序均比较靠前（分别为第1名和第2名），说明该情景有助于农户可持续土地利用行为目标的实现。值得注意的是，$EDFS$ 情景下的变异系数最小，为0.099 6，表明此情景最有利于土地利用中三种单一效应的均衡发展，分析其原因是：2013年起，青浦区大力推行生态保护政策，提倡种植绿肥、冬前深翻休耕和减少小麦种植面积等，因此，2016年该区生态效应障碍度下降，而经济效应障碍度有所上升，社会效应依然是制约青浦区土地利用效应提升的主要子系统，$EDFS$ 情景则恰好弥补了青浦区的土地利用效应短板，从而促进了三种单一效应的均衡发展。此外，由表7-7可以看出，FS 情景下，2030年青浦区农户土地利用单一效应的变异系数更低，为0.064 6，表明该情景对青浦区的土地利用社会效应短板更加具有针对性的弥补作用，但由于该情景目标单一而不作为备选情景。ID 情景主要侧重在原有基础上土地利用单一效应的全面发展，未充分考虑到青浦区的土地利用现状，导致2030年其变异系数稍高。

$EDEP$ 情景下的农户土地利用综合效应和变异系数的排序均比较靠后（均为第3名），$EDFS$ 和 $EPFS$ 情景下二者的排序则出现不均衡的现象（分别为第4名和第1名；第2名和第4名），表明该3种情景类型均不利于农户可持续土地利用行为目标的实现。

2. 不同情景下不同生计策略类型农户土地利用效应模拟结果

与农户生计资本的情景分析过程相同，在进行不同情景下农户土地利用效应模拟后，需要进一步探究具体何种生计策略类型最有助于农户可持续土地利用行为目标的实现。根据土地利用效应的相关指标预测方法计算得出2030年3种单一情景（ED、FS、EP）和综合发展情景（ID）下青浦区不同生计策略类型农户的土地利用效应模拟结果（见表7-9）。然后根据式（7-1）至式（7-3）计算得出4种目标情景下2030年青浦区不同生计策略类型农户的土地利用效应模拟结果（见表7-10）。

表7-9 2030年青浦区不同情景下不同生计策略类型农户土地利用效应模拟结果

情景类型	农户生计类型	生态效应	经济效应	社会效应	综合效应		变异系数	
					值	排序	值	排序
ED	传统农业型	0.143 6	0.182 1	0.144 2	0.469 9	16	0.140 8	5
	专业农业型	0.204 5	0.318 2	0.246 4	0.769 1	4	0.224 3	8
	农业兼业型	0.175 1	0.222 2	0.137 1	0.534 4	12	0.239 3	10
	非农兼业型	0.223 9	0.141 9	0.117 2	0.483 0	15	0.346 9	11
FS	传统农业型	0.173 9	0.178 1	0.180 1	0.532 1	13	0.017 8	1
	专业农业型	0.231 4	0.310 8	0.321 5	0.863 7	2	0.171 0	6
	农业兼业型	0.203 7	0.216 9	0.151 1	0.571 7	7	0.182 7	7
	非农兼业型	0.250 8	0.142 3	0.122 9	0.516 0	14	0.400 7	14
EP	传统农业型	0.258 0	0.129 3	0.154 4	0.541 7	10	0.377 8	12
	专业农业型	0.301 0	0.257 0	0.272 4	0.830 4	3	0.080 7	2
	农业兼业型	0.280 3	0.166 1	0.134 8	0.581 2	6	0.395 3	13
	非农兼业型	0.327 7	0.113 8	0.111 4	0.552 9	8	0.673 9	16
ID	传统农业型	0.206 9	0.172 4	0.170 1	0.549 4	9	0.112 6	4
	专业农业型	0.256 2	0.307 3	0.302 2	0.865 7	1	0.097 5	3
	农业兼业型	0.231 9	0.212 1	0.144 9	0.588 9	5	0.232 3	9
	非农兼业型	0.284 8	0.136 7	0.118 7	0.540 2	11	0.506 2	15

注：表中生态效应、经济效应、社会效应和综合效应的数值均为每种情景下每种生计策略类型农户生计资本模拟值的平均数。非农型农户由于无农业活动，而不涉及此项研究。

表7-10　2030年青浦区不同情景下不同生计策略类型农户土地利用效应模拟结果

情景类型	农户生计类型	生态效应	经济效应	社会效应	综合效应		变异系数	
					值	排序	值	排序
EDEP	传统农业型	0.200 8	0.155 7	0.149 3	0.505 8	14	0.166 5	6
	专业农业型	0.252 8	0.287 6	0.259 4	0.799 8	4	0.069 3	3
	农业兼业型	0.227 7	0.194 2	0.136 0	0.557 9	7	0.249 5	11
	非农兼业型	0.275 8	0.127 9	0.114 3	0.518 0	13	0.518 8	15
EDFS	传统农业型	0.158 8	0.180 1	0.162 2	0.501 1	15	0.068 5	2
	专业农业型	0.218 0	0.314 5	0.284 0	0.816 5	3	0.181 2	7
	农业兼业型	0.189 4	0.219 6	0.144 1	0.553 1	8	0.206 1	9
	非农兼业型	0.237 4	0.142 1	0.120 1	0.499 6	16	0.374 4	13
EPFS	传统农业型	0.216 0	0.153 7	0.167 3	0.537 0	11	0.183 0	8
	专业农业型	0.266 2	0.283 9	0.297 0	0.847 1	2	0.054 7	1
	农业兼业型	0.242 0	0.191 5	0.143 0	0.576 5	6	0.257 6	12
	非农兼业型	0.289 3	0.128 1	0.117 2	0.534 6	12	0.540 8	16
ID	传统农业型	0.206 9	0.172 4	0.170 1	0.549 4	9	0.112 6	5
	专业农业型	0.256 2	0.307 3	0.302 2	0.865 7	1	0.097 5	4
	农业兼业型	0.231 9	0.212 1	0.144 9	0.588 9	5	0.232 3	10
	非农兼业型	0.284 8	0.136 7	0.118 7	0.540 2	10	0.506 2	14

注：表中生态效应、经济效应、社会效应和综合效应的数值均为每种情景下每种生计策略类型农户土地利用效应模拟值的平均数。非农型农户由于无农业活动，而不涉及此项研究。

由于表7-10中的发展情景与农户生计策略类型种类多样，故无法直观有效地解读土地利用综合效应和变异系数的模拟结果，因此，本书考虑将每种情景下每种生计策略类型农户的2项指标的2030年模拟值作为一个组合，运用K-均值聚类法进行类别划分。关于类别种类及数量的设置方法如下：首先，根据土地利用综合效应的高低计划分为高水平和低水平，根据变异系数的大小计划分为相对均衡型和相对非均衡型；然后，将以上类别进行组合得到高水平相对均衡型、高水平相对非均衡型、低水平相对均衡型和低水平相对非均衡型4种农户土地利用行为可持续发展类型。

在 SPSS 23.0 中调用 K- 均值聚类分析功能模块进行数据处理，按照预先设定的类型划分数量，K- 均值聚类法将不同情景下不同生计策略类型农户的土地利用效应和变异系数组合划分为1、2、3、4共4种类型。然后，分别根据综合效应和变异系数的均值以及排序具体判定各土地利用行为的可持续发展类型，步骤如下：

（1）综合效应排序结果显示第1类中包含了前4名，并且均值较高，为0.832 3；其余3类则包括了第5名至第16名，各类均值分别为0.569 1、0.523 0和0.523 5，彼此之间差异不大，但与第1类相比数值较小。因此，本书将第1类土地利用综合效应判定为高水平，第2、3、4类判定为低水平。

（2）变异系数的判定方法与综合效应的判定相同，排序结果显示第1、2、3类的土地利用单一效应的变异系数包括了前13名，各类均值分别为0.100 7、0.232 64、0.209 1，均较小；第4类包括了第14名至第16名，均值为0.408 6，与前3类相比数值较大。因此，本书将前3类判定为相对均衡型，第4类则判定为相对非均衡型。

（3）最后，根据以上判别结果进行组合，得出2030年青浦区不同情景下不同生计策略类型农户土地利用行为可持续发展类型划分结果（见表7-11）：第1类为高水平相对均衡型，第2类和第3类均为低水平相对均衡型，第4类为低水平相对非均衡型。由此可见，实际判定结果与预期判定存在一些差异：农户土地利用行为可持续发展类型的预期判定中包括高水平相对均衡型、高水平相对非均衡型、低水平相对均衡型和低水平相对非均衡型4种类型，而实际判定结果中不包括高水平相对非均衡型。

表7-11　2030年青浦区不同情景下不同生计策略类型
农户土地利用行为可持续发展类型划分结果

土地利用行为可持续发展类型		情景类型	农户生计类型	生态效应	经济效应	社会效应	综合效应		变异系数		聚类结果
							均值	排序	均值	排序	
相对均衡型	高水平相对均衡型	*ID*	专业农业型	0.256 2	0.307 3	0.302 2	0.832 3	1	0.100 7	4	1
		EPFS	专业农业型	0.266 2	0.283 9	0.297 0		2		1	1
		EDFS	专业农业型	0.218 0	0.314 5	0.284 0		3		7	1
		EDEP	专业农业型	0.252 8	0.287 6	0.259 4		4		3	1
	低水平相对均衡型	*ID*	农业兼业型	0.231 9	0.212 1	0.144 9	0.569 1	5	0.236 4	10	2
		EPFS	农业兼业型	0.242 0	0.191 5	0.143 0		6		12	2
		EDEP	农业兼业型	0.227 7	0.194 2	0.136 0		7		11	2
		EDFS	农业兼业型	0.189 4	0.219 6	0.144 1		8		9	2
		EPFS	传统农业型	0.216 0	0.153 7	0.167 3		11		8	2
		EDFS	非农兼业型	0.237 4	0.142 1	0.120 1		16		13	2
		ID	传统农业型	0.206 9	0.172 4	0.170 1	0.523 0	9	0.209 1	5	3
		EDEP	传统农业型	0.200 8	0.155 7	0.149 3		14		6	3
		EDFS	传统农业型	0.158 8	0.180 1	0.162 2		15		2	3
相对非均衡型	低水平相对非均衡型	*ID*	非农兼业型	0.284 8	0.136 7	0.118 7	0.523 5	10	0.408 6	14	4
		EPFS	非农兼业型	0.289 3	0.128 1	0.117 2		12		16	4
		EDEP	非农兼业型	0.275 8	0.127 9	0.114 3		13		15	4

注：表中生态效应、经济效应和社会效应的数值均为每种情景下每种生计策略类型农户土地利用效应模拟值的平均数。非农型农户由于无农业活动，而不涉及此项研究。

　　根据农户可持续土地利用行为的定义，并结合表7-11中农户土地利用行为可持续发展类型划分结果，可以看出，高水平相对均衡型则是最有助于农户可持续土地利用行为目标实现的类型。该类型包括4种目标情景下的专业农业型农户，上节内容表明 *ID* 情景最有助于农户可持续土地利用行为目标的实现，理论上讲，相对最可持续的生计策略类型应当出自该情景。然而，模拟结果表明 *EPFS* 情景下的专业农业型农户的土地利用效应和变异系数的排序均较为靠前(分别为第2名和第1名),说明该情景下的专业农业型生计策略最有利于农户土地利用行为的可持续发展,土地资源能够得到科学合理利用。这与专业农业型农户的特殊性相符:该类型农户以土地规模化经营为主要生计活动,以追求农业生产利润最大化为生计目标,因此,其土地利用的经济效应较高,而与生态效应和社会效应出现较大差距,EPFS情景恰好弥补了该类型农户土地利用的短板效应,从而促进了3种单一效应的均衡发展。值得关注的是,ID情景下专业农业型农户的土地利用效应最高,验证了该情景追求效应最大化的目标,但同样由于该情景未考虑青浦区专业农业型农户的土地利用现状,因此导致2030年农户土地利用单一效应的变异系数稍高,但从2项指标的排序来看,ID情景下的专业农业型农户的土地利用行为也相对较为可持续。

根据农户可持续土地利用行为的定义,低水平相对均衡型和低水平相对非均衡型则不利于农户土地利用行为的可持续发展。

三、农户生计策略—土地利用行为系统耦合协调度模拟结果

根据可持续生计策略和土地利用行为的概念界定以及人地之间的相互作用关系,本书提出了农户生计策略与土地利用行为可持续发展的概念模式。从协同学角度来讲,两个子系统之间的耦合协调度越大,说明二者在发展过程中的协同作用越强,系统越趋向于有序,可持续发展程度越高。根据耦合协调度的测算过程,得出4种目标情景下2030年青浦区不同生计策略类型农户的生计策略与土地利用行为系统的耦合协调度模拟结果(见图7-1)。

由图7-1可知,ID情景下专业农业型农户的生计策略与土地利用行为系统的耦合协调度最高,为0.577 1,处于高度耦合协调阶段,说明此情景下专业农业型的生计策略最有利于农户生计策略与土地利用行为的可持续发展。从图中还可以看出,ID情景下的各类型农户的系统耦合协调度均为4种目标情景下的最高值,并且专业农业型和农业兼业型等两种类型农户的耦合协调度处于

高度耦合协调阶段，说明此情景有利于农户生计策略与土地利用行为可持续发展目标的实现。在其他3种情景下，均只有专业农业型农户的耦合协调度处于高度耦合协调阶段，其余均处于中度耦合协调阶段。

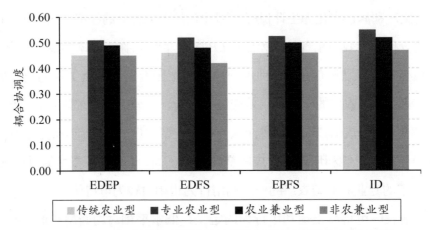

图7-1 2030年青浦区不同情景下不同生计策略类型农户生计策略与土地利用行为系统耦合协调度模拟结果

注：图中耦合协调度的数值均为每种情景下每种生计策略类型农户的生计策略与土地利用行为系统耦合协调度模拟值的平均数。非农型农户由于无农业活动，而不涉及此项研究。

四、农户可持续生计策略与土地利用行为特征

上节内容表明ID情景下专业农业型农户的生计策略与土地利用行为的可持续发展程度最高，在青浦区快速城镇化背景下更加具有竞争优势。该研究结果是从农户生计策略与土地利用行为的作用结果——生计资本与土地利用效应等方面反推得到的，因此，需要对具体的农户生计策略与土地利用行为特征加以明确，以便为政府或农业部门制定相关政策提供参考。

（1）专业农业型农户的生计策略特征主要包括以下3个方面：第一，以土地规模化经营为主要生计活动，以农业生产获得的利润为主要生计来源，土地经营面积多在 20 hm² 以上，一般需要长期雇用工人；第二，该类型农户户主一般具有较高的文化水平，并定期接受相关部门的农业技术培训，不断完善与

提高自身的农田管理水平以满足规模化生产的技术要求；第三，在农业生产中使用较多先进的大型农业机械设备，主要原因是规模化经营农户购买补贴目录中的农机具，该区财政按照同一种类、同一档次实行统一的定额补贴标准60%~80%，扶持对象主要侧重烘干机、直播机械、插秧机、大中型植保机械等，除上级补贴资金外，区级扶持资金由区、街镇按7:3比例承担。农机购置补贴政策实施方式实行"自主购机、定额补贴、区县结算、直补到卡"。因此，更多的专业农业型农户积极购买大型农机具，以便于进行农业生产。

（2）专业农业型农户的土地利用行为主要有以下3个方面的特征：第一，规模化经营。青浦区该类型农户的土地经营规模一般较大，多在 20 hm²（300亩）以上，最高可达 133.33 hm²（2 000亩）。这与以往的小农户分散经营有着本质的区别，由田块破碎化到集中化管理更有利于机械化与集约化生产，有利于产生规模化效应，从而为农户带来更高的经济效益。第二，合理化种植该类型农户目前大多采取"R+G+W"的轮作模式，夏季以种植单季稻为主，冬季按比例进行种植，小麦种植面积比例一般不超过于规定的 40%，其余土地面积则进行冬前深翻晒垡或种植绿肥以积极响应该区的生态保护号召。在综合发展情景下，该类型农户的单季稻种植面积、冬前深翻面积和绿肥种植面积需在原来的基础上各减少 5%，小麦种植面积需减少 10% 以种植经济作物，此种植模式既在政策计划内充分利用了土地资源以获得更多的经济收入，又进行了生态保护，农作物的种植选择与安排较为合理。第三，科学化管理。青浦区对农业规模化生产非常重视，提倡培养"新型职业农民"，目前采取的措施是对申请规模经营的农户进行考核，对合格者颁发经营许可证书，并且定期组织开展农业技术培训或实地指导，使该类型农户采用更多先进的农业技术进行生产，如测土配方施肥、滴灌等技术，以投入减量化、产出最大化为生产目标，使土地资源得到科学合理利用。在综合发展情景下，该类型农户的氮投入和农药投入需在保持原年均变化率的基础上，每年减少 1.5%。

第四节　政策建议

由上节情景分析结果可知，在快速城镇化背景下，青浦区农户要实现生计策略与土地利用行为的可持续发展，关键在于促进 *ID* 情景下专业农业型生计策略在以农业生产为主农户中的广泛采用。本研究结果可为区域农户生计转型、土地资源规划和发展以及城乡互动提供政策参考。

（1）引导耕地资源合理分配，促进专业农业型农户的形成。研究表明，耕地集约利用水平不仅与农户自身条件有关，更与其生计类型有关，因此，耕地资源在不同生计策略类型农户间的合理分配至关重要。对于非农兼业型农户而言，户主文化水平较高，拥有更多的非农生计活动选择，政府相关部门应当采取鼓励政策使其向非农化方向发展，转出多余耕地，并促使这些耕地流入专业农业型农户手中。传统农业型农户受劳动力年龄和数量的限制，家庭整体劳动能力不高，不适宜从事农业规模化生产活动，故可通过农业补贴方式鼓励该类型农户将耕地转给专业农业型农户。同时，为保障转出耕地后的传统农业型农户的生计安全，政府相关部门应当着力完善养老和医疗保险制度，健全农村留守老人关爱服务体系，围绕留守人员基本生活保障、卫生健康和思想情感等方面实施有效的服务。农业兼业型农户以农业收入作为家庭主要经济来源，并且家庭整体劳动能力较高，因此可引导该类型农户转入更多的耕地或适当合并耕地，扩大种植规模，向农业专业化方向发展。由此一来，既可促进耕地资源的合理分配，提高耕地利用效率，又能实现农户生计转型和农业可持续发展，从而保障区域粮食安全和社会稳定。

（2）加强农业技术支持和市场指导，培养新型职业化农民。规模化经营农户与以往分散经营的小农户有着本质的区别，该类型农户农业技术较强，农业产业化是其显著特征，并且受市场波动影响明显。因此，政府相关部门应当以规模化经营、合理化种植和科学化管理为指导原则，不断加强对此类型农户的农业技术支持和市场指导，培养新型职业化农民，保障其生计安全。首先，在农业技术支持方面，相关农业部门可以通过开展专业培训会或到实地进行技术指导等方式，引导农户因地制宜地进行农作物的种植安排，对耕地资源进行科学投入和管理，力争实现投入减量化，产量最大化，在减少环境污染的同时促进耕地集约利用的良性循环，并保障农户的生计安全。其次，在市场指导方面，应当采取鼓励措施积极引导农户成立专业合作社，扩大生产规模，提高农户市场判断能力和应对能力，促进农业产业化经营模式的形成。与此同时，政府相关部门也应当主动为农户提供专业的市场行情分析和风险规避指导建议，因地制宜地引导农户进行合理的作物种植安排，并积极寻找合适的合作方，扩大农产品的销售渠道，提高农民收入水平。

（3）统筹土地利用过程中生态保护、经济发展和粮食安全的综合发展，促进农户生计策略与土地利用行为的协调可持续。土地既是一种自然资源，又是一种经济资产，这就决定了其既具有自然属性，又具有社会属性。因此，农民在土地利用过程中不仅会对周围的生态环境产生影响，也会对区域经济以及社会等方面产生不同程度的影响。根据系统有序的概念，农户土地利用行为越具有科学性，表明人与土地之间的相互作用关系是有规则的、合理的，人地系统也就越趋向于有序，即可持续发展状态。对青浦区农户生计策略与土地利用行为系统可持续性的情景分析结果表明，综合发展情景最有利于二者的可持续发展。该情景来源于同时实现经济发展、粮食安全和生态保护等目标的优化设计思路，相比其他只兼顾其中2种目标的情景而言更为均衡与全面。因此，如何采取相应的措施来引导农户在进行土地利用决策时综合考虑生态保护、经济发展和粮食安全等目标，以实现土地利用效应的最大化和均衡化发展，从而促进农户生计策略与土地利用行为的协调可持续应当引起当地政府的高度重视。

第五节 小 结

为探究快速城镇化背景下青浦区农户的可持续生计策略与土地利用行为模式，本书借鉴不同经济发展水平地区的"三农"发展理念，构建了4种农户生计策略与土地利用行为的演变情景，即经济发展与生态保护兼顾情景（*EDEP*）、经济发展与粮食安全兼顾情景（*EDFS*）、生态保护与粮食安全兼顾情景（*EPFS*）以及综合发展情景（*ID*）。然后对4种目标情景下2030年青浦区农户生计策略与土地利用行为系统的可持续性进行模拟，得出主要结论如下：*ID* 情景下专业农业型农户的生计策略与土地利用行为系统的耦合协调度最高，处于高度耦合协调阶段，说明此情景下专业农业型的生计策略最有利于农户生计策略与土地利用行为的可持续发展，在快速城镇化背景下更加具有竞争优势。

ID 情景下专业农业型农户的生计策略特征为：以土地规模化经营为主要生计活动；定期接受农业技术培训；使用较多先进的农业机械设备。其土地利用行为特征为：规模化经营；合理化种植；科学化管理。

本研究结果可为区域农户生计转型、土地资源规划和发展以及城乡互动提供以下政策参考：引导耕地资源合理分配，促进专业农业型农户的形成；加强农业技术支持和市场指导，培养新型职业化农民；统筹土地利用过程中生态保护、经济发展和粮食安全的综合发展，促进农户生计策略与土地利用行为的协调可持续。

第八章　结论与展望

　　20世纪80年代以来，伴随着中国进入快速城镇化阶段以及土地流转政策的实施，农户不再以传统农业生产作为唯一生计策略，而是出现了分化现象，并由此引发了不同的土地利用行为。本书针对快速城镇化背景下农户生计策略和土地利用行为的适应性问题，以上海市青浦区为主要案例区，按照"当地农户生计策略—土地利用行为—耦合协调关系—不同经济发展水平地区差异—农户生计策略与土地利用行为可持续性演变模拟—发展模式选择"的研究思路，分析青浦区农户生计策略分化与土地利用行为差异，解析二者之间的相互作用关系，以不同地区的"三农"发展理念为依据，构建发展情景探讨适合发达地区农户生计策略与土地利用行为的可持续发展模式。

第一节　结　　论

一、农户生计策略—土地利用行为作用模型

　　以新行为主义者托尔曼、赫尔和斯金纳等提出的 S-O-R 人类行为模式以及斯金纳提出的强化理论为基础，构建了农户生计策略—土地利用行为作用模型。该模型由刺激（S）、农户有机体（O）、反应（R）和结果（O'）4部分组成，可分为信息感知、策略形成、行为反应和输出反馈等4个阶段，完整表述了二者之间的相互作用关系，对本书的后续研究具有重要的指导意义。

二、农户生计策略与土地利用行为可持续发展的概念模式

根据可持续生计策略和农户可持续土地利用行为的概念以及人地关系理论，构建了农户生计策略与土地利用行为可持续发展的概念模式，即二者作为人地系统的两个子系统相互作用、相互影响，最终在协同效应下达到一种彼此协调促进的理想组合，分别实现二者的可持续发展。其中，生计策略的可持续发展状态表现为在脆弱性背景下的抗干扰能力强，该能力主要通过拥有更多的生计资本来获得；农户土地利用行为的可持续发展状态表现为土地利用合理有效，该目标主要通过高水平的、均衡发展的土地利用效应来实现。该模式从理论上阐明了二者在可持续发展状态下的作用关系、具体表现以及实现路径等。

三、青浦区农户生计策略类型与决策机制

以西蒙有限理性管理人理论和 DFID 可持续生计框架理论为基础，剖析了农户生计策略决策机制，即处于某一特定区域环境下的农户在作出生计策略选择时是作为有限理性管理人进行的，不仅受到外在环境的影响，而且受到自身不完备条件的限制，在我国市场化条件下，追求满意的效率和效应，将其所拥有的生计资本分配到农业活动和非农活动中，最终表现为各种各样的生计策略类型。当农户处于同一特定环境下时，其生计策略类型由其生计资本状况决定。

青浦区农户生计策略主要包括传统农业型、专业农业型、农业兼业型、非农兼业型和非农型5种类型。不同类型农户在家庭结构和劳动力分配上存在明显差异。

在生计资本方面，不同生计策略类型农户的拥有状况也不尽相同。其中，专业农业型农户的生计资本总值最高。以传统农业型农户为参照，在其他自变量不变的条件下，生产性工具数量和户均家庭年收入对于农户选择专业农业型生计策略有显著促进作用；家庭整体劳动能力对于选择农业兼业型生计策略起到显著促进作用；家庭整体劳动能力、户均家庭年收入和家中有无干部对选择非农兼业型生计策略有显著促进作用；户主受教育程度和户均家庭年收入对选择非农型生计策略有显著促进作用。其中，户均家庭年收入对于农户的生计策略选择具有重要作用，它作为金融资本可以与其他类型的生计资本进行转化。

四、青浦区不同类型农户生计策略与土地利用行为的互馈关系

作为人地系统的基本组成单元，农户生计策略与土地利用行为之间相互作用、彼此影响。二者的互馈关系主要表现为：

1．不同生计策略类型农户的土地利用行为存在差异

土地流转行为：传统农业型、专业农业型和农业兼业型农户是流转过程中主要的土地需求者，非农兼业型和非农型农户则是主要的土地供给者；不同生计策略类型农户在转出土地面积方面没有明显差异，而在转入土地面积方面存在显著差异。转入土地面积大小顺序依次为专业农业型、农业兼业型、传统农业型和非农兼业型农户。

种植选择行为：受自然条件和相关农业政策的影响，青浦区农户主要种植水稻（R）和小麦（W）等粮食作物、蔬菜（V）等经济作物以及绿肥作物（G）等；农户采取的农作物轮作模式主要有6种，传统农业型农户主要采取"R+G"模式，专业农业型和农业兼业型农户主要采取"R+G+W"模式，非农兼业型农户则以"V+G"模式为主。

土地投入行为：不同生计策略类型农户耕地利用集约度大小顺序为专业农业型、传统农业型、农业兼业型、非农兼业型，劳动集约度和资本集约度排序与之基本一致；不同生计策略类型农户的耕地利用集约度存在差异性，其总变异中有24.32%的变异是由生计策略类型不同引起的，并且还受到农户自身禀赋的影响。

土地保护行为：青浦区农户主要采取种植绿肥、冬前深翻、测土配方施

肥和秸秆还田等保护措施。

2．农户不同的土地利用行为对生计策略的反馈作用不同

对于专业农业型和农业兼业型农户，土地利用效应和耦合协调度较高，作为积极强化物对农户起积极强化作用，促使50%以上的农户趋向更大规模的经营方向发展；对于非农兼业型和传统农业型农户，土地利用效应和耦合协调度相对较低，则作为消极强化物对农户起消极强化作用，抑制50%以上的农户扩大耕地规模或加大耕地投入。

3．不同类型农户的生计策略与土地利用行为的耦合协调关系各异

从耦合关系方面分析，不同类型农户的耦合度集中在0.4~0.5范围内，属于拮抗阶段。而在耦合协调关系方面，专业农业型农户耦合协调度为0.545 9，处于高度耦合协调阶段，表明其生计策略与土地利用行为的协调发展状态良好，具有较高的可持续性。其余3种类型农户耦合协调度集中在0.4~0.5范围内，处于中度耦合协调阶段。

五、不同经济发展水平地区农户生计策略与土地利用行为的差异

在我国快速城镇化背景下，不同经济发展水平地区农户的生计策略与土地利用行为特征存在明显差异。

1．农户生计策略方面

（1）彭阳县处于城镇化初期阶段，农户仍然主要依靠农业生产维持生计；长沙县处于中期阶段，农户开始参与非农活动，以兼业型生计策略居多，农业规模化经营模式开始形成；青浦区处于后期阶段，大部分农户进城定居，留在农村的农户以农业生产为主，专业农业型农户开始增多。

（2）不同地区农户的生计资本总值由东向西逐渐降低。其中，人力资本和物质资本均处于较高水平，而社会资本均较低，自然资本和金融资本的显著差

异反映出我国东少西多的耕地特征以及东高西低的经济特点。

（3）同种生计策略类型农户的人力资本和社会资本以及总值在不同地区之间无明显差异；除专业农业型农户外，其余4种类型农户在自然资本、物质资本和金融资本等方面均存在显著差异。

2．农户土地利用行为方面

（1）种植选择行为：青浦区以"R+G+W"的种植模式为主；长沙县近年来水稻"双改单"现象明显，以种植单季稻为主；彭阳县取消小麦种植的农户数量逐年增多，二分类逻辑回归结果表明户主年龄、户均家庭年收入、投入产出比和是否兼业等是影响农户冬小麦种植决策的显著因素。

（2）土地投入行为：2001—2016年，三个案例区资本集约度与劳动集约度比例均呈逐年上升趋势，反映出资金投入代替人力投入的必然发展趋势；长沙县和彭阳县的耕地利用集约度逐年升高，而青浦区逐年下降；青浦区耕地集约利用主要受灌溉指数和农业政策的正向作用以及地均GDP的负向作用，长沙县耕地集约利用主要受地均GDP和农业政策的正向作用以及人均耕地面积的负向作用，彭阳县耕地集约利用主要受农业机械化水平的正向作用。

（3）土地利用效应及其障碍因子：青浦区土地利用效应经历了"良好—优质—良好—优质"的循环发展过程，近3年主要障碍因子为人均种植业产值、人均粮食产量和地均种植业产值；长沙县经历了"中级—良好—优质"的发展过程，近3年主要障碍因子为农业机械化效率、劳均种植业值和人均粮食产量；彭阳县经历了"低级—中级"的发展过程，近3年主要障碍因子为农业机械化效率、灌溉指数和农民人均纯收入。因此，不同地区应当根据自身的障碍因子采取具有针对性的改进措施。

六、上海市青浦区农户可持续生计策略与土地利用行为模式

在经济发展与生态保护兼顾情景、经济发展与粮食安全兼顾情景、生态4

种不同情景中，综合发展情景最有利于农户生计策略与土地利用行为可持续发展目标的实现。该情景来源于同时实现经济发展、粮食安全和生态保护等目标的优化设计思路，相比其他只兼顾其中2种目标的情景而言更为均衡与全面。其中，该情景下的专业农业型的生计策略在快速城镇化的发达地区更加具有竞争优势。

综合发展情景下专业农业型农户的生计策略特征为：以土地规模化经营为主要生计活动；定期接受农业技术培训；使用较多先进的农业机械设备。其土地利用行为特征为：规模化经营；合理化种植；科学化管理。

本研究结果可为区域农户生计转型、土地资源规划和发展以及城乡互动提供以下政策参考：引导耕地资源合理分配，促进专业农业型农户的形成；加强农业技术支持和市场指导，培养新型职业化农民；统筹土地利用过程中生态保护、经济发展和粮食安全的综合发展，促进农户生计策略与土地利用行为的协调可持续。

第二节　研究特色

（1）根据新行为主义者提出的人类行为模式（S-O-R）和斯金纳强化理论，系统构建了农户生计策略—土地利用行为作用模型，并以上海市青浦区为例，对模型中的各个阶段进行了分析与验证；全文按照"青浦区农户生计策略—土地利用行为—互馈关系—中国不同地区差异—青浦区农户生计策略与土地利用行为可持续性演变模拟—发展模式选择"的研究思路展开研究。

（2）基于可持续生计策略和土地利用行为的概念界定、二者之间的相互作用关系以及人地系统的研究目标，提出了农户生计策略与土地利用行为可持续发展的概念模式，并从协同学角度阐明二者之间的相互作用过程实际上是系统由无序走向有序的发展趋势，可以通过耦合协调度的高低来衡量其可持续发展程度。

（3）以上海市青浦区、湖南省长沙县和宁夏回族自治区彭阳县为例，分析了我国不同经济发展水平地区农户生计策略与土地利用行为特征及差异；借鉴3个案例区不同的"三农"发展理念，构建了4种青浦区农户生计策略与土地利用行为的演变情景，通过对不同情景下二者的可持续性进行模拟，提出了青浦区农户可持续生计策略与土地利用行为模式，并明确了其具体特征，以为实现快速城镇化地区农户生计转型和农业可持续发展提供参考借鉴。

第三节　研究展望

（1）由于农户生计策略决策影响因素的复杂性，可能导致研究不够深入。新行为主义者提出的人类行为模式（S-O-R）认为有机体根据自己的认知和需求来做出反应，突出了人的主观能动性。但由于农户的需求变量难以量化，因此，为了便于研究，在 DFID 可持续生计框架理论的指导下，本书认为在同一环境条件下，农户主要是依据自身拥有的生计资本状况来进行生计策略选择的。其中，生计资本代表了农户的能力，即认知变量。然后依据理性经济人假设和西蒙有限理性管理人理论，将农户需求统一假设为在市场化条件下实现满意的效率和效益，文中对此部分内容的研究力度较为薄弱。在未来的研究中，应当对农户的心理因素等不确定性因子进行深化细致讨论，以便更加科学合理地解释农户生计策略的决策机制。

（2）由于农户生计策略与土地利用行为系统构成要素的复杂性，可能导致对二者之间相互作用关系的研究不够。农户生计策略的改变会影响其土地利用行为，而土地利用行为的改变也会反作用于农户的生计策略。本书详细分析了不同生计策略类型农户的土地利用行为差异以反映前者对后者的影响，而关于农户土地利用行为对生计策略的反馈作用则基于农户土地利用行为的结果——

耦合协调度和土地利用效应进行了简单的探讨，主要是考虑到已有研究中缺乏土地利用综合变化对农户生计策略的影响，因此未对不同土地利用行为对生计策略的影响进行一一探究，在今后应对此部分内容进行细化研究。

（3）本书的主要案例研究区为上海市青浦区，并且考虑到数据的可获取性，故在不同经济发展水平地区农户生计策略与土地利用行为研究中，生计策略方面主要对不同生计策略类型农户的生计资本结构差异进行了比较分析；土地利用行为方面则以地区农户整体为研究对象，仅对种植选择行为、土地投入行为进行了探究。因此，对不同地区农户的生计策略以及不同生计策略类型农户的土地利用行为进行深入细化研究将是今后的研究重点，以便为实现我国不同地区的农户生计转型与土地资源合理利用提出具有针对性的政策措施。

（4）在实地调查中发现，上海市青浦区的农户生计类型在空间分布上是存在差异的（长沙市长沙县和固原市彭阳县亦存在此特点），但考虑到本书研究目标为探讨我国快速城镇化背景下经济发达地区的农户可持续生计策略与土地利用行为模式，因此本书以青浦区具有代表性的农户实地调查数据为基础，从生计类型角度出发，主要侧重对不同类型农户的生计策略和土地利用行为特征进行分析，未对农户生计类型的空间分布特征及其在不同情景下的变化结果进行探讨，在今后的研究中应当作为一个重点内容。

参考文献

[1] 方创琳. 改革开放 40 年来中国城镇化与城市群取得的重要进展与展望 [J]. 经济地理，2018，38（9）：1—9.

[2] CHAMBERS R, CONWAY G R. Sustainable rural livelihoods: practical concepts for the 21st century[M]. [S.l.]: IWMI Books, 1992: 42.

[3] 何仁伟，刘邵权，陈国阶，等. 中国农户可持续生计研究进展及趋向 [J]. 地理科学进展，2013（4）：657—670.

[4] ROBERTS M G, 杨国安. 可持续发展研究方法国际进展：脆弱性分析方法与可持续生计方法比较 [J]. 地理科学进展，2003（1）：11—21.

[5] DFIDS. Sustainable Livelihoods Guidance Sheets[R]. Department for International Development, 1999.

[6] SHARP K. Measuring Destitution: Integrating Qualitative and Quantitative Approaches in the Analysis of Survey Data[R]. IDS Working Paper, 2003.

[7] 李小云，董强，饶小龙，等. 农户脆弱性分析方法及其本土化应用 [J]. 中国农村经济，2007（4）：32—39.

[8] PERZ S. The importance of household asset diversity for livelihood diversity and welfare among small farm colonists in the Amazon[J]. Journal of Development Studies, 2005, 41(7): 1193—1220.

[9] ERENSTEIN O, HELLIN J, CHANDNA P. Poverty mapping based on livelihood

assets: A meso-level application in the Indo-Gangetic Plains, India[J]. Applied Geography, 2010, 30(1): 112—125.

[10] HUA X, YAN J, ZHANG Y. Evaluating the role of livelihood assets in suitable livelihood strategies: Protocol for anti-poverty policy in the Eastern Tibetan Plateau, China[J]. Ecological Indicators, 2017, 78: 62—74.

[11] 徐定德, 谢芳婷, 刘邵权, 等. 四川省山丘区不同生计策略类型农户生计资本结构特征及差异研究 [J]. 西南大学学报（自然科学版）, 2016（10）: 125—131.

[12] 陈相凝, 武照亮, 李心斐, 等. 退耕还林背景下生计资本对生计策略选择的影响分析: 以西藏 7 县为例 [J]. 林业经济问题, 2017（1）: 56—62.

[13] 蔡志海. 汶川地震灾区贫困村农户生计资本分析 [J]. 中国农村经济, 2010（12）: 55—67.

[14] KIBWAGE J K, ODONDO A J, MOMANYI G M. Assessment of livelihood assets and strategies among tobacco and non tobacco growing households in south Nyanza region, Kenya[J]. African Journal of Agricultural Research, 2009, 4(4): 294—304.

[15] 师学萍, 郝文渊, 何竹. 基于 SLA 分析框架的西藏农户生计资本分析: 以尼洋河流域为例 [J]. 西藏大学学报（社会科学版）, 2016（2）: 132—137.

[16] 黎洁, 李亚莉, 邰秀军, 等. 可持续生计分析框架下西部贫困退耕山区农户生计状况分析 [J]. 中国农村观察, 2009（5）: 29—38.

[17] 苏芳, 蒲欣冬, 徐中民, 等. 生计资本与生计策略关系研究: 以张掖市甘州区为例 [J]. 中国人口·资源与环境, 2009（6）: 119—125.

[18] 韦惠兰, 祁应军. 农户生计资本与生计策略关系的实证分析: 以河西走廊沙化土地封禁保护区外围为例 [J]. 中国沙漠, 2016（2）: 540—548.

[19] POUR M D, BARATI A A, AZADI H, et al. Revealing the role of livelihood

assets in livelihood strategies: Towards enhancing conservation and livelihood development in the Hara Biosphere Reserve, Iran[J]. Ecological Indicators, 2018, 94(1): 336—347.

[20] BABULO B, MUYS B, NEGA F, et al. Household livelihood strategies and forest dependence in the highlands of Tigray, Northern Ethiopia[J]. Agricultural Systems, 2008, 98(2): 147—155.

[21] LIU Z, LIU L. Characteristics and driving factors of rural livelihood transition in the east coastal region of China: A case study of suburban Shanghai[J]. Journal of Rural Studies, 2016, 43: 145—158.

[22] SCOONES I. Sustainable rural livelihoods: A framework for analysis[J]. Working Paper‑Institute of Development Studies, University of Sussex, 1998(72): 22.

[23] WALELIGN S Z. Livelihood strategies, environmental dependency and rural poverty: The case of two villages in rural Mozambique[J]. Environment Development and Sustainability, 2016, 18(2): 593—613.

[24] SOLTANI A, ANGELSEN A, Eid T, et al. Poverty, sustainability, and household livelihood strategies in Zagros, Iran[J]. Ecological Economics, 2012, 79: 60—70.

[25] 何威风, 阎建忠, 花晓波. 不同类型农户家庭能源消费差异及其影响因素: 以重庆市 "两翼" 地区为例 [J]. 地理研究, 2014 (11): 2043—2055.

[26] 刘恩来, 徐定德, 谢芳婷, 等. 基于农户生计策略选择影响因素的生计资本度量: 以四川省 402 户农户为例 [J]. 西南师范大学学报(自然科学版), 2015 (12): 59—65.

[27] 赵文娟, 杨世龙, 王潇. 基于 Logistic 回归模型的生计资本与生计策略研究: 以云南新平县干热河谷傣族地区为例 [J]. 资源科学, 2016 (1): 136—143.

[28] 代富强, 吕志强, 周启刚, 等. 农户生计策略选择及其影响因素的计量经济分析 [J]. 江苏农业科学, 2015 (4): 418—421.

[29] 苏芳，尚海洋. 生态补偿方式对农户生计策略的影响 [J]. 干旱区资源与环境，2013（2）: 58—63.

[30] 蒲春玲，马瑛，薛曜祖，等. 新疆南部地区棉农生计变化影响因素分析：基于阿克苏地区阿瓦提县400户棉农的调查数据 [J]. 技术经济与管理研究，2011（4）: 22—25.

[31] 伍艳. 贫困山区农户生计资本对生计策略的影响研究：基于四川省平武县和南江县的调查数据 [J]. 农业经济问题，2016（3）: 88—94.

[32] BERJAN S, JOVANOVIC M, MRDALJ V, et al. Rural livelihood diversification in south-eastern Bosnia: influence of household financial management[J]. International Journal of Environmental and Rural Development, 2014, 5(2): 17—22.

[33] INGXAY P, YOKOYAMA S, HIROTA I. Livelihood factors and household strategies for an unexpected climate event in upland northern Laos[J]. Journal of Mountain Science, 2015, 12(2): 483—500.

[34] HAIDER M Z, HOSSAIN M Z. Impact of salinity on livelihood strategies of farmers[J]. Journal of Soil Science and Plant Nutrition, 2013, 13(2): 417—431.

[35] TESFAYE Y, ROOS A, CAMPBELL B M, et al. Livelihood strategies and the role of forest income in participatory-managed forests of Dodola area in the bale highlands, southern Ethiopia[J]. Forest Policy and Economics, 2011, 13(4): 258—265.

[36] 刘晨芳，赵微. 农地整治对农户生计策略的影响分析：基于 PSM-DID 方法的实证研究 [J]. 自然资源学报，2018, 33（9）: 1613—1626.

[37] 孙欣，毕如田，刘慧芳，等. 贫困山区耕地细碎化对农户生计策略的影响：以左权县清漳河流域87个村为例 [J]. 中国土地科学，2018, 32（2）: 40—47.

[38] ELLIS F. Rural livelihoods and diversity in developing countries[M]. Ellis F, 2000, 273.

[39] THI T D, BREWER T D, LUCK J, et al. Understanding biosecurity threat perceptions across Vietnamese smallholder farmers in Australia[J]. Crop Protection, 2019, 117: 147—155.

[40] BISHU K G, O'REILLY S, LAHIFF E, et al. Cattle farmers' perceptions of risk and risk management strategies: Evidence from Northern Ethiopia[J]. Journal of Risk Research, 2018, 21(5): 579—598.

[41] HABIBA U, SHAW R, TAKEUCHI Y. Farmers' adaptive practices for drought risk reduction in the northwest region of Bangladesh[J]. Natural Hazards, 2014, 72(2): 337—359.

[42] BOHLE H G, ADHIKARI J. Rural livelihoods at risk how nepalese farmers cope with food insecurity[J]. Mountain Research and Development, 1998, 18(4): 321—332.

[43] MUBAYA C P, NJUKI J, MUTSVANGWA E P, et al. Climate variability and change or multiple stressors? Farmer perceptions regarding threats to livelihoods in Zimbabwe and Zambia[J]. Journal of Environmental Management, 2012, 102: 9—17.

[44] 万文玉, 赵雪雁, 王伟军, 等. 高寒生态脆弱区农户的生计风险识别及应对策略: 以甘南高原为例 [J]. 经济地理, 2017, 37 (5): 149—157.

[45] 赵雪雁, 赵海莉, 刘春芳. 石羊河下游农户的生计风险及应对策略: 以民勤绿洲区为例 [J]. 地理研究, 2015, 34 (5): 922—932.

[46] 许汉石, 乐章. 生计资本、生计风险与农户的生计策略 [J]. 农业经济问题, 2012, 33 (10): 100—105.

[47] SHAMEEM M I M, MOMTAZ S, RAUSCHER R. Vulnerability of rural

livelihoods to multiple stressors: A case study from the southwest coastal region of Bangladesh[J]. Ocean & Coastal Management, 2014, 102(A): 79—87.

[48] ENETE A A, OBI J N, OZOR N, et al. Socioeconomic assessment of flooding among farm households in Anambra state, Nigeria[J]. International Journal of Climate Change Strategies and Management, 2016, 8(1): 96—111.

[49] SHAH K U, DULAL H B, JOHNSON C, et al. Understanding livelihood vulnerability to climate change: Applying the livelihood vulnerability index in Trinidad and Tobago[J]. Geoforum, 2013, 47: 125—137.

[50] AHMED M T, NAGI I, FARAG M, et al. Vulnerability of Ras Sudr, Egypt to climate change, livelihood index, an approach to assess risks and develop future adaptation strategy[J]. Journal of Water and Climate Change, 2014, 5(3): 287—298.

[51] 李立娜, 何仁伟, 李平, 等. 典型山区农户生计脆弱性及其空间差异: 以四川凉山彝族自治州为例 [J]. 山地学报, 2018, 36（5）: 792—805.

[52] 阎建忠, 喻鸥, 吴莹莹, 等. 青藏高原东部样带农牧民生计脆弱性评估 [J]. 地理科学, 2011, 31（7）: 858—867.

[53] 刘伟, 徐洁, 黎洁. 陕南易地扶贫搬迁农户生计脆弱性研究 [J]. 资源科学, 2018, 40（10）: 2002—2014.

[54] 赵锋, 杨云彦. 外力冲击下水库移民生计脆弱性及其解决机制: 以南水北调中线工程库区为例 [J]. 人口与经济, 2009（4）: 1—7.

[55] 赵雪雁, 郭芳, 张丽琼, 等. 甘南高原农户生计可持续性评价 [J]. 西北师范大学学报（自然科学版）, 2014（1）: 104—109.

[56] 汤青, 徐勇, 李扬. 黄土高原农户可持续生计评估及未来生计策略: 基于陕西延安市和宁夏固原市 1 076 户农户调查 [J]. 地理科学进展, 2013, 32（2）: 161—169.

[57] 周洁,姚萍,黄贤金,等.基于模糊物元模型的南京市失地农民可持续生计评价 [J]. 中国土地科学,2013,27(11):72—79.

[58] 崔晓明,陈佳,杨新军.乡村旅游影响下的农户可持续生计研究:以秦巴山区安康市为例 [J]. 山地学报,2017,35(1):85—94.

[59] NOUROZI M, HAYATI D. Sustainability of livelihoods among farmers community in Kermanshah Province, Iran: A comparison of farmers' attitude based on their characteristics[J]. Journal of Agricultural Science and Technology, 2018, 20(6): 1099—1113.

[60] WANG C, ZHANG Y, YANG Y, et al. Assessment of sustainable livelihoods of different farmers in hilly red soil erosion areas of southern China[J]. Ecological Indicators, 2016, 64: 123—131.

[61] VITERI SALAZAR O, RAMOS-MARTIN J, LOMAS P L. Livelihood sustainability assessment of coffee and cocoa producers in the Amazon region of Ecuador using household types[J]. Journal of Rural Studies, 2018, 62: 1—9.

[62] 张衍毓,王静,史衍玺,等.基于农户的耕地质量认识及其响应机制研究 [J]. 资源科学,2006(2):74—81.

[63] 谭淑豪,曲福田,黄贤金.市场经济环境下不同类型农户土地利用行为差异及土地保护政策分析 [J]. 南京农业大学学报,2001(2):110—114.

[64] 刘洪彬,吕杰,罗小娟.基于地块尺度的农户土地利用行为对耕地质量的影响 [J]. 地域研究与开发,2016,35(2):123—127.

[65] 黄利民,刘成武,定光平.农户土地利用行为的区域差异分析:以湖北省平原和丘陵地区为例 [J]. 安徽农业科学,2013,41(15):6948—6951.

[66] 朱兰兰,蔡银莺,罗成,等.土地用途管制框架下农户土地利用行为特征及影响因素:四川省成都市和湖北省武汉市 2 个典型区域的比较 [J]. 水土保持通报,2016,36(5):198—206.

[67] 刘成武，楠楠，黄利民. 中国南方稻作区不同规模农户土地集约利用行为的差异比较 [J]. 农业工程学报，2018，34（17）：250—256.

[68] 程化雨，董捷. 农户土地利用要素投入特征研究 [J]. 农业现代化研究，2003（2）：137—140.

[69] PANICHVEJSUNTI T, KUWORNU J K M, SHIVAKOTI G P, et al. Smallholder farmers' crop combinations under different land tenure systems in Thailand: The role of flood and government policy[J]. Land Use Policy, 2018, 72: 129—137.

[70] TEFERA B, STERK G. Land management, erosion problems and soil and water conservation in Fincha'a watershed, western Ethiopia[J]. Land Use Policy, 2010, 27(4): 1027—1037.

[71] 刘洪彬，于国锋，王秋兵，等. 大城市郊区不同区域农户土地利用行为差异及其空间分布特征：以沈阳市苏家屯区 238 户农户调查为例 [J]. 资源科学，2012，34（5）：879—888.

[72] 张丽琼，赵雪雁，郭芳，等. 石羊河下游农户的土地利用行为及效率 [J]. 中国沙漠，2015，35（6）：1715—1722.

[73] DEININGER K, SAVASTANO S, CARLETTO C. Land fragmentation, cropland abandonment, and land market operation in Albania[J]. World Development, 2012, 40(10): 2108—2122.

[74] 赵敏敏，周立华，陈勇，等. 禁牧政策对库布齐沙漠农户土地利用行为的影响 [J]. 中国沙漠，2017，37（4）：802—810.

[75] 邹伟，胡莉，王翌秋. 农村居民点整理对农户土地投入影响研究 [J]. 中国人口·资源与环境，2017，27（1）：48—56.

[76] 刘成武，黄利民. 农地边际化过程中农户土地利用行为变化及其对粮食生产的影响 [J]. 地理研究，2015，34（12）：2268—2282.

[77] 陈海，郁静，梁小英，等. 农户土地利用行为对退耕还林政策的响应模拟：

以陕西省米脂县高渠乡为例 [J]. 地理科学进展，2013，32（8）：1246—1256.

[78] 冯艳芬，董玉祥，王芳. 大城市郊区农户弃耕行为及影响因素分析：以广
州番禺区农户调查为例 [J]. 自然资源学报，2010，25（5）：722—734.

[79] BADMOS B K, VILLAMOR G B, AGODZO S K, et al. Local level impacts
of climatic and non-climatic factors on agriculture and agricultural land-use
dynamic in rural northern Ghana[J]. Singapore Journal of Tropical Geography,
2018, 39(2): 178—191.

[80] IGNACIO DIAZ G, NAHUELHUAL L, ECHEVERRIA C, et al. Drivers of
land abandonment in Southern Chile and implications for landscape planning[J].
Landscape and Urban Planning, 2011, 99(3-4): 207—217.

[81] 梁流涛，翟彬. 基于 PRA 和 LCA 方法的农户土地利用行为环境效应评价：
以河南省传统农区为例 [J]. 中国土地科学，2015，29（5）：84—92.

[82] 李翠珍，孔祥斌，秦静，等. 大都市区农户耕地利用及对粮食生产能力的
影响 [J]. 农业工程学报，2008（1）：101—107.

[83] 马群，赵庚星. 集约农区不同土地利用方式对土壤养分状况的影响 [J]. 自
然资源学报，2010，25（11）：1834—1844.

[84] 张建，诸培新. 不同农地流转模式对农业生产效率的影响分析：以江苏省
四县为例 [J]. 资源科学，2017，39（4）：629—640.

[85] SELEJIO O, LOKINA R B, MDUMA J K. Smallholder agricultural production
efficiency of adopters and nonadopters of land conservation technologies in
Tanzania[J]. Journal of Environment & Development, 2018, 27(3): 323—349.

[86] EL HANANDEH A, GHARAIBEH M A. Environmental efficiency of olive
oil production by small and micro-scale farmers in northern Jordan: Life cycle
assessment[J]. Agricultural Systems, 2016, 148: 169—177.

[87] ZERMENO-HERNANDEZ I, PINGARRONI A, MARTINEZ-RAMOS M.

Agricultural land-use diversity and forest regeneration potential in human-modified tropical landscapes[J]. Agriculture Ecosystems & Environment, 2016, 230: 210—220.

[88] 欧阳进良, 宋春梅, 宇振荣, 等. 黄淮海平原农区不同类型农户的土地利用方式选择及其环境影响: 以河北省曲周县为例 [J]. 自然资源学报, 2004 (1): 1—11.

[89] 梁流涛, 曲福田, 诸培新, 等. 不同兼业类型农户的土地利用行为和效率分析: 基于经济发达地区的实证研究 [J]. 资源科学, 2008 (10): 1525—1532.

[90] 张忠明, 钱文荣. 不同兼业程度下的农户土地流转意愿研究: 基于浙江的调查与实证 [J]. 农业经济问题, 2014 (3): 19—24.

[91] 李翠珍, 徐建春, 孔祥斌. 大都市郊区农户生计多样化及对土地利用的影响: 以北京市大兴区为例 [J]. 地理研究, 2012 (6): 1039—1049.

[92] TITTONELL P, MURIUKI A, SHEPHERD K D, et al. The diversity of rural livelihoods and their influence on soil fertility in agricultural systems of East Africa: A typology of smallholder farms[J]. Agricultural Systems, 2010, 103(2): 83—97.

[93] 王成超, 杨玉盛. 农户生计非农化对耕地流转的影响: 以福建省长汀县为例 [J]. 地理科学, 2011 (11): 1362—1367.

[94] 李明艳, 陈利根, 石晓平. 非农就业与农户土地利用行为实证分析: 配置效应、兼业效应与投资效应: 基于2005年江西省农户调研数据 [J]. 农业技术经济, 2010 (3): 41—51.

[95] 洪舒蔓, 郭玉坤, 龚碧凯. 民族贫困区农户生计多样化及对耕地利用的影响: 以武陵山区永顺县为例 [J]. 北京师范大学学报(自然科学版), 2018, 54 (3): 308—314.

[96] 杨世龙, 赵文娟, 徐蕊. 元江干热河谷地区农户生计与农地利用: 以新平

平县为例 [J]. 中国农学通报，2015，31（32）：267—272.

[97] 赵立娟，康晓虹，史俊宏. 农地流转对农户生计转型影响的实证分析 [J]. 中国农业资源与区划，2017（8）：158—162.

[98] 赖玉珮，李文军. 草场流转对干旱半干旱地区草原生态和牧民生计影响研究：以呼伦贝尔市新巴尔虎右旗 M 嘎查为例 [J]. 资源科学，2012（6）：1039—1048.

[99] BRADSTOCK A. Changing livelihoods and land reform: Evidence from the Northern Cape province of South Africa[J]. World Development, 2005, 33(11): 1979—1992.

[100] SCOONES I, MARONGWE N, MAVEDZENGE B, et al. Livelihoods after land reform in Zimbabwe: Understanding processes of rural differentiation[J]. Journal of AgrarianChange, 2012, 12(4): 503—527.

[101] 张春丽，佟连军，刘继斌. 湿地退耕还湿与替代生计选择的农民响应研究：以三江自然保护区为例 [J]. 自然资源学报，2008（4）：568—574.

[102] 吴海涛，陈玉萍，张永敏. 杂交玉米技术采用对山区农户生计的影响分析：来自滇西南的实证 [J]. 中国农业科学，2013，46（24）：5228—5236.

[103] 孙贵艳，王传胜. 退耕还林（草）工程对农户生计的影响研究：以甘肃秦巴山区为例 [J]. 林业经济问题，2017，37（5）：54—58.

[104] TANG Q, BENNETT S J, XU Y, et al. Agricultural practices and sustainable livelihoods: Rural transformation within the Loess Plateau, China[J]. Applied Geography, 2013, 41: 15—23.

[105] 康云海. 农业产业化中的农户行为分析 [J]. 农业技术经济，1998（1）：7—12.

[106] 叶依广，俞跃伟. 农户经营行为与农业可持续发展 [J]. 经济问题，1998（2）：31—34.

[107] 傅伯杰，陈利顶，马诚. 土地可持续利用评价的指标体系与方法 [J]. 自然

资源学报，1997（2）：17—19.

[108] 曲福田，谭仲春.土地可持续利用决策模式及基本原则初探 [J]. 经济地理，
2002（2）：208—212.

[109] 叶浩生.行为主义的演变与新的新行为主义 [J]. 心理学动态，1992（2）：
19—24.

[110] 费梅苹.行为主义理论及其研究范式 [J]. 华东理工大学学报（社会科学
版），2000（4）：61—65.

[111] 余江敏.斯金纳的强化理论及其在教学中的运用 [J]. 曲靖师范学院学报，
2001（1）：92—94.

[112] 谢应宽.B•F•斯金纳强化理论探析 [J]. 贵州师范大学学报(自然科学版)，
2003（1）：110—114.

[113] 李广海，陈通.现代决策的基石：理性与有限理性研究述评 [J]. 统计与决
策，2008（3）：49—52.

[114] 张义祯.西蒙的"有限理性"理论 [J]. 中共福建省委党校学报，2000（8）：
27—30.

[115] 梁福秋.理性与选择：西蒙的有限理性理论与科尔曼的理性选择理论比
较研究 [J]. 科教导刊(中旬刊)，2011（9）：113—114.

[116] 赫伯特•西蒙.管理行为：管理组织决策过程的研究 [M]. 北京：北京经
济学院出版社，1988.

[117] 苏芳，徐中民，尚海洋.可持续生计分析研究综述 [J]. 地球科学进展，
2009（1）：61—69.

[118] 朱国宏.人地关系论：中国人口与土地关系问题的系统研究 [M]. 上海：
复旦大学出版社，1996.

[119] 陆大道，郭来喜.地理学的研究核心——人地关系地域系统：论吴传钧
院士的地理学思想与学术贡献 [J]. 地理学报，1998（2）：3—11.

[120]吴传钧.论地理学的研究核心:人地关系地域系统[J].经济地理,1991(3): 1—6.

[121]黄剑坚,王保前.我国系统耦合理论和耦合系统在生态系统中的研究进 展[J].防护林科技,2012(5):57—61.

[122]任继周,万长贵.系统耦合与荒漠——绿洲草地农业系统:以祁连山— 临泽剖面为例[J].草业学报,1994(3):1—8.

[123]熊建新,陈端吕,彭保发,等.洞庭湖区生态承载力系统耦合协调度时 空分异[J].地理科学,2014(9):1108—1116.

[124]武杰,李润珍,程守华.从无序到有序:非线性是系统结构有序化的动 力之源[J].系统科学学报,2008(1):13—18.

[125]叶笃正,符淙斌,季劲钧,等.有序人类活动与生存环境[J].地球科学进展, 2001(4):453—460.

[126]哈肯.高等协同学[M].北京:科学出版社,1989.

[127]昌忠泽.上海产业结构调整:成效、问题及政策建议[J].区域金融研究, 2017(2):5-12.

[128]AUMANN R J. Rationality and bounded rationality[J]. Games and Economic Behavior, 1997, 21(1-2): 2—14.

[129]郝文渊,杨东升,张杰,等.农牧民可持续生计资本与生计策略关系研 究:以西藏林芝地区为例[J].干旱区资源与环境,2014(10):37—41.

[130]陈卓,续竞秦,吴伟光.集体林区不同类型农户生计资本差异及生计满 意度分析[J].林业经济,2014(8):36—41.

[131]徐定德,张继飞,刘邵权,等.西南典型山区农户生计资本与生计策略 关系研究[J].西南大学学报(自然科学版),2015(9):118—126.

[132]VALDES-RODRIGUEZ O A, PEREZ-VAZQUEZ A. Sustainable livelihoods: An analysis of the methodology[J]. Tropical and Subtropical Agroecosystems,

2011, 14(1): 91—99.

[133]ELLIS F. Household strategies and rural livelihood diversification[J]. Journal of Development Studies, 1998, 35(1): 1—38.

[134]刘洪彬，王秋兵，边振兴，等.农户土地利用行为特征及影响因素研究：基于沈阳市苏家屯区 238 户农户的调查研究 [J].中国人口•资源与环境，2012（10）：111—117.

[135]袁承程，刘黎明，叶津炜，等.洞庭湖区不同农户经营规模的农业土地利用综合效应评价 [J].生态与农村环境学报，2017（8）：688—696.

[136]刘朝旭，刘黎明，付永虎，等.不同政策情景下农业土地利用效应模拟分析 [J].生态与农村环境学报，2015（4）：484—491.

[137]刘耀彬.江西省城市化与生态环境关系的动态计量分析 [J].资源科学，2008（6）：829—836.

[138]魏金义，祁春节.农业技术进步与要素禀赋的耦合协调度测算 [J].中国人口•资源与环境，2015（1）：90—96.

[139]任国平，刘黎明，付永虎，等.基于 GWR 模型的都市城郊村域农户生计资本空间差异分析：以上海市青浦区为例 [J].资源科学，2016（8）：1594—1608.

[140]马聪，刘黎明，袁承程，等.快速城镇化地区农户生计资本分化特征及其对生计策略的影响：以上海市青浦区为例 [J].农业现代化研究，2018（2）：316—324.

[141]马聪，刘黎明，袁承程，等.快速城镇化地区不同生计类型农户耕地利用集约度评价：以上海市青浦区为例 [J].中国土地科学，2017，31（10）：69—78.

[142]马聪，刘黎明，任国平，等.快速城镇化地区农户生计策略与土地利用行为耦合协调度分析 [J].农业工程学报，2018，34（14）：249—256.

[143] 任国平, 刘黎明, 李洪庆, 等. 都市郊区乡村景观多功能权衡 — 协同关系演变 [J]. 农业工程学报, 2019, 35 (23): 273—285.

[144] 任国平, 刘黎明, 管青春, 等. 基于生活质量的大都市郊区乡村性评价及空间自相关类型划分 [J]. 农业工程学报, 2019, 35 (7): 264—275, 317.

[145] 任国平, 刘黎明, 孙锦, 等. 基于 GRA 和 TOPSIS 模型的都市郊区乡村景观多功能定位 [J]. 地理研究, 2018, 37 (2): 263—280.

[146] 任国平, 刘黎明, 孙锦, 等. 基于"胞—链—形"分析的都市郊区村域空间发展模式识别与划分 [J]. 地理学报, 2017, 72 (12): 2147—2165.

[147] 娄伟. 情景分析理论与方法 [M]. 北京: 社会科学文献出版社, 2012.

[148] WOLLENBERG E, EDMUNDS D, BUCK L. Using scenarios to make decisions about the future: Anticipatory learning for the adaptive co-management of community forests[J]. Landscape and Urban Planning, 2000, 47(1-2): 65—77.

[149] MIETZNER D, REGER G. Advantages and disadvantages of scenario approaches for strategic foresight[J]. International Journal of Technology Intelligence and Planning, 2005, 1(2): 220—239.

[150] CLEMONS E K. Using scenario analysis to manage the strategic risks of reengineering[J]. Sloan Management Review, 1995, 36(4): 61—71.